快捷语文

中学生每日一读

亲近母语 · 最美语文

7 画在墙上的窗

主编／胡善恩

编者／孙洪河 穆乃龙 林兆燕 高华秘 王丽芳

中国电力出版社
CHINA ELECTRIC POWER PRESS

图书在版编目（CIP）数据

中学生每日一读．画在墙上的窗 / 胡善恩主编．—
北京：中国电力出版社，2015.7
（快捷语文）
ISBN 978-7-5123-7877-3

Ⅰ．①中… Ⅱ．①胡… Ⅲ．①阅读课－中学－课外读物
Ⅳ．①G634.333

中国版本图书馆CIP数据核字(2015)第126228号

快捷语文　中学生每日一读　画在墙上的窗

主编：胡善恩

策划编辑	于锡梅　张　玲	购书热线	010-58383328/3416
出版发行	中国电力出版社	编辑热线	010-58383425
印　　刷	航远印刷有限公司	社　　址	北京市西城区三里河路6号
邮政编码	100044		

尺　　寸	170mm×239mm	版　　次	2015年7月第1版
印　　张	10.25	印　　次	2015年7月第1次印刷
书　　号	ISBN 978-7-5123-7877-3	定　　价	22.00元

在阅读中优雅老去

文 / 一路开花

二十岁时，第一次去凤凰，不为古镇美景，只为能与偶居夺翠楼的黄永玉先生见上一面。

时逢雨季，沱江奔啸，烟波微茫信难求。苦待数日，仍没能等到想见之人。

在清冷的雨丝中独自徘徊，满心失落。无意走进一家书店，里面尽是沈从文先生的文本作品。无处可去，只好在僻幽的角落里翻阅旧籍。而后，一发不可收拾。

回程当日，总觉有重要东西遗落城中，寻思许久，才跑去那条巷子的书店里买了本周身泛黄的《边城》。这本有着深蓝小印戳的《边城》，至今仍安躺于我的书柜里——它不仅使我在未果的行程中找到些许补偿，更让我在之后的时光无比怀念二十岁的自己。

再后来，兴许命理所定，真与书结下了不解之缘。不但自己看书写书，更领着诸多热爱文学的人走上了自己想走的路。

我经常跟学生们说，阅读是写作的命脉，只有不断阅读，才能保持创作角度的新颖和思维的敏捷。然而，阅读所赐予的，又何止是这些？

不管在何时何地，只要手中捧着一本书，心里便会觉得安然。书不但能排遣无聊的寂寞，将岁月的伤痛逐一缝补，还能把心灵淬炼成一块玲珑美玉。

一个爱书之人，必是睿智且沉稳的。遇事不惊，处之泰然。古人所说的"腹有诗书气自华"，便是这意思。

生命本就是一次有限的跋涉。一个经常读书和一个经常沉迷在网游世界的人，心灵绝对是不一样的。前者，往往更能体悟一叶一菩提的真谛。

书本所给予心灵的力量，是不可言喻的。

正如北大教授曹文轩所说一般，世间最优雅的姿态，就是阅读。不论静坐还是倾卧，它都是最美的姿态。这样的人，通常都会从骨子里散发出一种极具亲和力的书卷气。

阅读人物，通晓历史，可以他人鉴知自己得失；阅读杂文，百味世事，可在辛言辣语中藻雪精神；阅读情感，温热肺腑，可居书香浓情里滋养心灵；阅读故事，体会人生，可于静谧岁月中倾情流泪……

每一种书，都是风景；每一本书，都是亟待窥破的秘密。

宋朝诗人黄山谷有一句名言："三日不读书，便觉语言无味，面目可憎。"这其中说的，就是每日读书的重要性。

"中学生每日一读"系列图书，所遵循的就是这个简单的理论。通过遴选当下不同类型的精华文章，给读者送去心灵的养分——让你懂得珍惜青春，明白如何把握自己的人生，寻回本真的感动，看到世界别样的美好……

但愿我们可以放慢匆乱的步伐，一起在欢愉的阅读中，优雅老去。

目录

画在墙上的窗

文 _ 曹春雷　主题词 _ 智慧　知足

他画的这扇窗，为一家人开启了一道心灵的门。

在朋友家里，我才知道什么是"蜗居"——一家三口，挤在不足 30 平方米的空间里。房子虽小，但主人会打理，因了匠心独具的布置，小屋看起来并不是那么拥挤不堪。

最让我惊讶的是，他家的后"窗"很特别。乍一眼看去，窗户打开着，外面是辽阔的草原，绿草茵茵，鲜花盛开。凑近了看，原来是一幅画。不过这画立体感很强，远看去，还真像一扇实实在在的窗。因了这窗，小房子的空间仿佛大了许多。不得不佩服朋友的天才创意了。

朋友的职业是开出租车，但他同时是位业余画家，在这个小城的文艺圈里，他是有名的"出租车画家"。他常笑说，自己是小城画家里，车开得最好的一个；在出租车驾驶员里，他是画得最好的一个。

他从小就喜欢画画，读书上课之余，常常在废纸上用铅笔画这画那。那时，他的愿望是长大后能当画家。然而，长大后，他没能当上画家，却成为了与画家看起来距离很遥远的出租车司机。因为当时弟弟妹妹都读书，家里很困难，他是老大，只能早早退学赚钱，减轻父母的负担。

但他从没放弃过当画家的梦想。工作之余，只要有空就涂涂抹抹。除了拜访小城有名的画家向他们学习之外，他还报名参加网上的书画函授班，为自己"充电"。在一起开出租车的司机们常问他，你开好你的车就行了，学那个干啥呢，难道你指望着能靠画画赚钱？他听了只是笑笑，并不解释。

如今，他的日子依然过得有些清苦，妻子在街上摆

生命价值和意义的彰显不因生命的卑微与渺小，快乐充实的诠释也不在于尊贵与显赫。做生活的智者，用智慧去应对一切烦恼与困难，用包容去感知社会与生活，就会收获属于自己生命的简单而又真实的幸福和快乐。

小摊，卖小吃，收入微薄。但我从来没看到他沮丧过，抱怨过，不论在哪里看到他，一准是乐呵呵的模样。

日子虽苦点，但他的家庭是幸福的。妻子很贤惠，两人结婚十几年来，从没吵过架，红过脸。女儿也很争气，学习好，还懂得孝顺父母，一放学就早早回家帮母亲做家务。

那次去他家时，他可爱的女儿指着那扇画在墙上的"窗户"对我说：我家的窗外，也会随着季节变化呢——春天时，窗外柳树发新芽，燕子雨中飞；夏天时，盛开着五颜六色的花，很美很美；秋天时，枫叶火红，大雁南飞；冬天时，雪花飘飘。小女孩这样说时，满脸的快乐。

这一家人的知足常乐，让我感动——在清贫的日子里，他们居然能把生活过得这样有声有色。

我想，朋友是有大智慧的人，他画的这扇窗，为一家人开启了一道心灵的门。无论生活在怎样艰难的困境里，他和他的家人都依然能够永怀希望，看到光明。

| 赏·品悟 |

生活从来不是十全十美的，如果怨天尤人，生活只能更加痛苦，相反，知足常乐，智慧地应对，再清贫的日子也会过得有声有色。居室不大，锁不住有梦的心灵；生活清贫，挡不住追求幸福的思绪。一扇画在墙壁上的窗，开阔了视野，开启了心灵，又怎能说这不是通向希望、通向幸福的窗口呢？

送你美丽的月光

文_王飙　主题词_感动　包容

如果我也能把这美丽的月光送给你，该多好啊！

关于月光的故事，永远都不会老，因为这月光，是造化用最富有诗意和禅韵的音符，奏响的最能穿透人类灵魂的歌谣，静静地聆听，你便能听懂从以太流泻的宇

宙的奥秘，便能从这月光之歌的旋律中感受到造物对我们心灵最欣悦的慰藉，便能从这旋律的节奏里感受到大自然的脉波在我们生命里的搏动；不管我们人在何方，亦不管我们身处何境，只要在迷蒙的夜晚，偶尔抬头看见月亮，还能被她朗润的月辉所感动，那么，她就会唤起我们心灵深处对过往岁月最美好的怀想，唤起我们对未来生活最热切的渴望……

每次行走在月光下，我的心中都会涌动着一种难以诉诸语言的感动，因为这月光，总能让我想起一个与禅有关的故事……

良宽禅师是一个心地善良、生活简朴的人，化缘所得，他几乎都资助了穷人。平时，就一个人住在山中的茅庵里。一个风清月净的晚上，禅师出外散步，归来的时候，正撞上一个小偷在庵中搜索，竟然没有找到一样值钱的东西，刚想离开，转身看见良宽正站在门外。小偷有些惊慌失措，良宽却安慰他说："你从远处而来，一定是因为生活所迫，总不能就这样让你空手而返，我庵里真没有什么值钱的物件，我还是把自己身上穿的衣衫送给你吧！"说着，就把衣衫脱下，递到小偷的手中。

小偷也许是太穷的缘故，拿了衣衫就跑。良宽赤着上身，注视着小偷匆匆离去的背影，大声说："如果我也能把这美丽的月光送给你，该多好啊！"

月光本身是没有分别心的，它朗照天地，辉映万物，人人皆可得之；同沐在月光之下，为什么良宽禅师却说不能把月光送给小偷呢？其实，在良宽的心里，美丽的月光，就是人的自性，是人人都有的宝藏，但是，若是人的心中一片雾霾，这月光便难照亮自己的灵府，哪里还谈得上滋润其灵魂呢？良宽说是送他美丽的月光，其实，正是渴望着能为其驱散迷雾，让自性的月光照彻他内心的精神世界啊！据说第二天早上，良宽打开庵门，蓦然发现昨晚的小偷，正双手托着禅师的衣衫，默默地跪在地上……

说实话，我特别地喜欢这则禅宗公案的这个结局。作为人，我们谁不曾有过迷茫的岁月？据说，良宽的侄子，曾沾染上了一身的恶习，成日花天酒地，浪荡成性，几乎要把家产挥霍殆尽，亲人求助良宽，希望他能用佛法开导不务正业的侄儿。良宽回到家乡，侄儿以为会受到老伯的教训或苛责，然而，一连几天，良宽都是很愉快地和侄儿相处在一起，装出一副什么事都不知的样子。临走的时候，侄儿送他，良宽的草鞋系带开了，他伏身很久，都没把系带穿进鞋眼里，侄子连忙蹲下帮伯父。良宽抚着侄儿的背，叹了口气说："人老不中用了，连穿个鞋带都穿不进去。看来人生还是得趁年轻的时候把理想通通完成才行啊。"听了这句话，侄儿竟然感动地哭了，他站起身来，拉着良宽的手说："伯父，我知道自己错啦！"

良宽没有说一句责备侄儿的话，但是，他却驱散了侄儿胸中的尘雾，让他的那枚自性的月亮辉洒出了朗润皎洁的光芒来。爱一个人，就要给他尊严，这才是通过你的手，送给他的最美丽的月光啊！借你的这片月光的映照，他也一定能发现自己精神世界里的那枚清明玉润的朗月。

良宽的名声，曾引来一个僧人极度的忌妒，一次相逢，竟然无事找事，打了良宽，僧人刚转身走开，大雨却不期而至，良宽看着雨中僧人的背影，赶紧跑过去把伞递到他的手中说："你还要走很远的路，这伞你带上吧，别淋坏了身子。"等那僧人回过神来，良宽已经走远了……

良宽送给那僧人的哪里是伞？分明是自性朗澈的月光啊！

| 赏·品悟 |

明月，历来是纯洁、正义的寄托。文章采用象征手法，将良宽禅师高尚的灵魂、良好的道德修养和睿智象征成一轮皎皎"明月"。正是他心有智慧，心怀善念，才

用送月光的禅语，驱散了小偷、侄儿胸中的尘雾，让他们自性的月亮辉洒出了朗润皎洁的光芒。沐浴着月光的清辉，被浮躁纠缠着的我们，是否从禅师那里，获得了那自性朗澈的月光？

 每日一诵 ··

舟中望月

[南北朝] 庾信

舟子夜离家，开舲①望月华。

山明疑有雪，岸白不关沙。

天汉看珠蚌，星桥视桂花。

灰飞重晕阙，蓂②落独轮斜。

【注释】①舲：交通艇（在船队中担任联络传令任务的小艇）。这里指有窗的小船。

②蓂（mì）：传说中尧时的一种瑞草，亦称"历荚"。因数荚多少，可知月的日数，故又指月。

| 诵·品析 |

　　一轮皎皎明月，自古至今，成为多少文人墨客诵吟的对象。然而在南朝梁以前，月亮作为一种审美对象，还没有从景物中独立出来，只是作为风景的点缀或寄兴之物出现，自梁以后才有了专门咏月的诗。这首诗是早期较好的咏月诗之一。诗歌采用比喻，以白雪喻银光，传神生动，有力地烘托了作者的孤寂情感。

唯愿世间多痴人

文 _ 卫宣利　主题词 _ 痴癫　率真

因为有了他们的痴，才给我们留下了返璞归真的温润，删繁化简的率真。

痴是令人敬重的一种品格。什么是痴？是热爱，是投入，是迷恋，是癫狂，是深陷其中不能自已，是心神皆醉忘乎所以。这世上的痴，有许多种，花痴、书痴、情痴、戏痴、诗痴、棋痴、石痴……虽然痴的方向不同，但所有的痴，大抵都是对某事某物或某人极度的专注和迷恋，爱到不能爱，甚至愿意为这爱，舍弃一切，包括生命。

张国荣在《霸王别姬》中，把一个戏痴程蝶衣演得出神入化。他沉醉在戏里不能自拔，分不清是现实还是演戏。他跷起兰花指，眼波流转风情无限，他迷恋他的霸王如痴似狂，他忌妒段小楼的妻子菊仙，他为了唱戏戒掉鸦片，最后就连游行，都像是要登台演戏一般，要仔仔细细地化妆。他的生命里只剩下了戏，为了戏，痴狂到执拗。他说，不疯魔不成活……他是一个简单纯粹的人，他不像段小楼那么容易屈从现实，接受现实，他坚守着自己的信念和真理，至死不悔。

《红楼梦》里也有个痴人，叫宝玉。你瞧他，自己被别人不小心烫了手，反而问那位烫了他的姑娘疼不疼；自己淋得落汤鸡一样，反而提醒别人快避雨；黛玉葬花，他也不知道是谁，就恸哭在山坡上……他痴，他癫，他疯，却恰恰都是真性情的流露。而写出《红楼梦》的曹公，自然也是一痴人。他穷困潦倒到举家食粥酒常

「衣带渐宽终不悔，为伊消得人憔悴。」世间痴情无数事，从来都惹有情人，为何？因为那份痴情，是爱，是欣赏，是真情的流露。执着的爱让他们痴情，同样，唯有用爱，用欣赏去理解、去感悟，你才会从痴情的表象中读出他们内心的真情，才会从平凡的生活中读出爱意，从而获得心灵的顿悟，心智的提升。

赊，却依然以惊人的毅力，穷尽毕生精力，将《红楼梦》"披阅十载，增删五次"，为后人留下一部无法超越的艺术瑰宝。"满纸荒唐言，一把辛酸泪。都云作者痴，谁解其中味？"若没有曹公的这份痴狂，没有他如此浓墨重彩的一笔，我们的文学史该是怎样的单调苍白？

国学大师吴宓也是一痴人。他对《红楼梦》里的林黛玉一往情深，常自比怡红公子或紫鹃，而他所爱的女子，则比作林妹妹。他曾发表过《论紫鹃》一文，说"欲知宓者，请视紫鹃"。因为紫鹃对黛玉，忠诚不二，体贴入微。抗战期间，昆明有个湖南人开了家牛肉馆，馆子取名"潇湘馆"。这可惹怒了吴宓，愤然找上门去，强烈要求老板将招牌取下。老板当然不愿意，虽然是卖牛肉的，可谁规定了不能取名"潇湘馆"？双方争执不下，吴宓怒之所至，将馆里的锅碗瓢盆一通猛砸……最终还是有人出面调解，将"潇湘馆"改为"潇湘"才算了事。

痴是一种气概。他们痴得特立独行，癫得潇洒脱俗，疯得激情四射，狂得孤标傲世。他们怀着一颗原始纯真的初心，于滚滚红尘之中，辟一方心灵的净土，把一片痴心倾情抛洒。行走在这跌宕沉浮的人世间，因为有了他们的痴，才给我们留下了返璞归真的温润，删繁化简的率真。

愿世人多痴癫，少钻营，留率性，去虚伪，那样我们的生活空间会更简单一些，纯粹一些，也会离幸福更近一些。

| 赏·品悟 |

蒲松龄说过："性痴，则其志凝；故书痴者文必工，艺痴者技必良。"痴者，非不聪慧，而是对某事或某人非常着迷达到无以复加的程度。文章采用并列式的结构，展现了古今、现实和文学中痴者的形象，透过他们痴的率真，我们感受到的是爱的执着和信念的坚守。

你要学会看见爱

文 _ 刘墉　主题词 _ 欣赏　回馈

若没有心，没有爱，谁会去注意别人的小动作呢？

今天下午，走进书房的时候，赫然发现四只大虫站在我的桌上，它们一动也不动，却张牙舞爪如《星际大战》电影里的怪犬一般，近看原来是四只蝉蜕下来的干壳。

"是谁放这许多脏东西在我桌上？"我心里想，要喊没喊出来，脑筋一转，不可能是你母亲或你，因为你们没有这种闲工夫；当然更不可能是你妹妹，她没有这份胆子。于是我赶紧把到嘴边的话收回来，改口叫道："哇！棒极了！多完整的蝉壳啊！"

说着，就见你祖母笑嘻嘻地走来。"是啊！我以前看你柜子里有一个，知道你收集，所以在院子里看到，就捡回来给你！"八十四岁的老人家，笑得像小孩儿一样天真。她岂知道，在台北这固然稀奇，但是在我们的院子里，只要到树干高处，能一下子找几十个呢！

你或许要问我为什么不明讲，但是你可曾想到，那四个平凡的蝉壳里，有老人家多少爱？当她听到我的赞叹，又是多么高兴！

记得我以前画室的墙上，总挂着几张儿童的涂鸦吗？我为什么挂？因为那是一个学生的小女儿送我的。学生每次来，看见她女儿的画被放在最醒目的位置，都兴奋得不得了。隔几个星期便拿来一张新的作品，说："现在我小孩又进步了，换张新的给老师！"

于是你要笑我假了！但什么是假？什么是真？我觉得这世上最真的莫过于关心。我这样做，是表示我欣赏那孩子的情，也唤起了她妈妈的爱，我时时得到新的情爱，又提高了孩子画画的兴趣，不是比什么都真吗？

相信你一定不记得。当你妹妹刚会走路的时候，有一次在院子里拔了一朵蒲公英花给你，你接过来，哼一声就甩了。妹妹又一扭一扭地摘了一朵送给你妈妈，妈妈高兴地喊："好漂亮的小黄花！谢谢！谢谢！"并插在头发上。请问，从那之后，妹妹还摘过花送你吗？而你母亲则总在不同地方夹着小小的蒲公英花。

这世上任何人，不论八九十岁的老人家，或刚学步的幼儿，都有着满满的爱，都会因那付出的爱得到回响而兴奋，也可能因为反应的冷漠而受到伤害。我们更可以说，每个人都在随时接收与传递爱的消息，许多看来无意义的举动，却可能含有很深的意义！

大学时，一次全班出游，有位男同学攀到岩壁上摘了一大把小草花送给女同学们。几个月之后，那位男同学对我说："我发现自已可能要恋爱了，不是我主动要去爱她，是她使我不得不爱她！"看我不懂，他继续说："前天校庆，女生宿舍开放，我也去参观，你知道我看到了什么感人的画面吗？我在那女生的床上看到一个玻璃盒子，里面摆了一把又黄又黑的干草。我起初很好奇，仔细看，才发现居然是我好久之前分给她的那一把小草花……"

后来，他们真恋爱了！

你说，那把小草花，不就是"爱的消息"吗？而人们是最容易受到感动的。正是在自己平凡表现中，才获得对方的关注。因为若没有心，没有爱，谁会去注意别人的小动作呢？

有位政界非常著名的机要秘书，她的学历不高，外文也不强，却成为大家争聘的对象。因为她跟什么人，什么人在政坛就做得顺。听来确实有点近于迷信，但你知道她最大的长处吗？她私下对我说："从政的人，日理万机，不可能注意别人的琐事。而我在主管每次出去应酬之前，都会提醒他，当天可能遇见哪些人，而那些人于公于私，最近发生了什么事。我甚至为他写个便条，在车上再复习一遍。于是，虽然久未碰面的朋友，他也能立刻亲切地问候对方的近况。譬如'新添的小外孙如何？''儿子快结婚了吧？''听说尊夫人刚从欧洲旅游归来！''您在某报发表的那篇文章好极了！'于是人人觉得自己被他关心，更惊讶于他的消息之灵、记忆之强，他当然受大家欢迎，事情也做得顺！"

听了这许多，你觉得他们假吗？其实一点也不！只要你有心去注意、去记忆、去表现，就不假！那是关心！而关心总能得到相等的回馈！

| 赏·品悟 |

爱是什么？爱是有心，爱是用心，爱是真心换真心。生活中，每个人的心里都有满满的爱，这种爱，是相互的：付出是爱，收获是爱，对收获的爱回馈的也是爱。正是因为懂得爱的回馈，所以才会让你获得更多的爱。学会看见爱，小小的关注中，展现的是一颗睿智的心，这种睿智，会让你春风化雨，永沐阳光。

东　坡①

[宋]苏轼

雨洗东坡月色清，市人行尽野人行。

莫嫌荦确②坡头路，自爱铿然曳杖声。

【注释】①此诗是苏轼贬官黄州时所作，诗人以"东坡"作为自己的别号。②荦（luò）确：指险峻不平的山石。

| 诵 · 品析 |

　　世人为财利所驱，只能在炎日嚣尘中奔波，唯淡泊之人才有雅事。这首小诗以寻常生活小景——月夜里拄杖漫步于山石高低不平的东坡为乐，于清明幽静的意境中，显示出诗人幽独高洁的心性和履险如夷的人生态度。后两句一个"莫嫌"，一个"自爱"，一反一正对比中，凸显了诗人那以险为乐、视险如夷的豪迈精神。

苦难是化了装的幸福

文_程刚　主题词_苦难　幸福

> 所有的苦难都是化了装的幸福，你要走过苦难迎接幸福。

他是一个早产儿，体质很差，4 岁时患上了天花，虽侥幸死里逃生，可从此满脸麻子，和他一起玩的孩子根本不敢看他。6 岁那年，他又得了猩红热，父母拼尽全力终于从死亡线上把他拉了回来，可他的身体受到了严重的摧残，视力衰弱，一只手半残，再后来，他又遭遇了车祸……一天，难过的他追问母亲："妈妈，为什么我总有病，总是这样不幸？"母亲对他说："这是上帝在考验你。"他似懂非懂，哭着对母亲说："我不想接受考验。"母亲无言以对。

14 岁那年，他的父亲带着不舍离开了人世。临终时，父亲把他叫到身边，对他说："孩子，人生不可能永远是苦难，记住这个世界的美好，记住：所有的苦难都是化了装的幸福，你要走过苦难迎接幸福。"他含泪记住了父亲的话。

现实不允许他坐着等待幸福，为了养家，他不得不辍学，可他没有放弃书本，每天做工回来，便如饥似渴地自学，他对天文非常感兴趣，渐渐到了痴迷的程度。18 岁那年，他再次遭受人生打击，他的母亲被指行巫，不久可能被教会活活烧死，母亲绝望了，告诉他一定要照顾好他妹妹。他难过极了，已失去了父亲再不能失去母亲了，此刻，他显现出无比的坚强，对母亲说："妈妈，爸爸走的时候告诉我，苦难是化了装的幸福，你要

人生路途，坎坷与顺境相伴。执着是一种信念，低调是一种智慧，行走在人生路上，苦难和荣耀，同样都是成长的磨刀石。细数生命的年轮，品味生命的过往，让我们一起笑傲苦难，隐藏荣耀。

　　挺住，幸福会来的。"母亲受到他的鼓励，任凭教会折磨仍坚持活下来，最终，他四处奔走求救，母亲幸免一死，活着走出了关押地。

　　幸福还是没有来。那一年，母亲患重病，不久离世，剩下了他和一个患有癫痫的妹妹，母亲走的那天一直放心不下，不闭眼，可又说不出话，他擦了擦眼泪，笑着对母亲说："妈妈，没事，放心睡吧，我会带好妹妹，苦难是化了装的幸福，我等着，你和爸爸在天堂看着。"母亲听了他的话，泪水从眼角里流了出来，安详地闭上了眼。

　　母亲离世后，顽强的他一边继续着学业，一边照顾着妹妹，为了攒够给妹妹治病的钱，他每天只吃一顿饭，再苦再饿，只要想起父亲的那句话，他便浑身充满了力量。

　　这一年，他成家了，并很快有了孩子。刚刚享受家庭天伦之乐的他以为幸福真的来了，可不幸的是几个孩子相继夭折，他曾经想过死，可想起还有妻子，想起自己喜爱的天文事业，他又舍不得死，只好把苦难埋在心底，继续开始自己人生的征程……

　　1594 年他去了奥地利，先在一所中学当数学教师，业余时间从事天文学研究，并渐渐有了些小成就。1600 年初，他的一篇论文被丹麦天文学家、近代天文学的奠基人第谷发现。在第谷的热情邀请下，他来到布拉格，当了第谷的助手。尽管一年后第谷不幸去世，但这一年里他的成果丰硕，被任命为皇家天文学家，继承了老师未竟的事业，并在后来的天文研究中取得了巨大的成就，发现了行星运动三大定律，为哥白尼创立的"太阳中心说"提供了最为有力的证据，被后世誉为"天空的立法者"。

他叫开普勒，凭着远大的理想、顽强的意志和旺盛的求知欲望，在天文领域做出了一系列杰出贡献。曾经有人问他，成长的这些年就是在苦难中度过的，他是怎么承受坚持到现在的。他听后，突然间哭了，他说：活着是一份责任，更是一份等待，正是因为经历了很多苦难，没有任何一个人比我更渴望得到幸福，因为父亲曾经告诉我："苦难是化了装的幸福。"

| 赏·品悟 |

人生是条无名的河，是深是浅都要过；人生是杯无色的茶，是苦是甜都要喝；人生是首无畏的歌，是高是低都要和。世界上最富有的人，是跌倒最多的人；世界上最勇敢的人，是每次跌倒都能爬起来的人；世界上最成功的人，是那些站起来还能够坚持走下去的人。把苦难看作是化了装的幸福吧，因为走过之后，所有的过往都叫作经历，所有的经历都值得你去回味。

美丽的隐藏

文 _ 李丹崖　主题词 _ 隐藏　美德

越聪明的人越懂得沉默，就像成熟的稻子，稻穗总是低垂的。

在我十分年幼的时候，父亲就告诉我，不要在跛子面前奔跑，不要在病人面前说健康，不要在鳏寡孤独的人面前逞人力，那样做，只会让别人徒增伤悲，甚至有不人道的嫌疑。父亲所说的这段话，我曾一度不明白，为什么不可以炫耀一下自己的优势，我有，我能，我可以，就应该让大家知道，眼下是一个"毛遂自荐"的时代，一个不小心，就可能落伍于这个世界，干吗还要藏着掖着？

父亲说，在别人缺失的地方炫耀你的富有，无异于给别人的伤口上撒盐，在别人的痛处揭伤疤，何必在别人的弱势处起舞，那样做也不能证明你的优秀。

父亲的这些话，我一直记着。后来参加了工作，到了一家传媒策划公司，一次选题征集，我为了能在公司站稳脚跟，挖空心思做了一个文案，交到总经理办公室。到选题会上，我才发现自己的选题和别人相比，漏洞百出，有许多地方都还亟待完善。但是，公司负责策划案的一位长者还是优先选用了我的文案。他说，按理说，我的文案和公司的其他老员工相比不是最好的，他本人就有一个和我的文案差不多的，但是，他知道，他的一拿出来，我的就没戏了。为了我，他最终还是没把自己的拿出来，而是悄悄把自己的文案给了我。打开他的文案一看，我才发觉自己写得真是太稚嫩了，和他的相比，我的简直是"小儿科"。

这位长者用自己的一份"隐藏"成就了我的"崭露头角"，凭借这次机会，我最终以这份文案在公司立定了脚跟。

在美国俄亥俄州的克利夫兰举行的多场慈善活动中，作为首富的洛克菲勒总是排名在15位开外，无论是慈善捐款，还是慈善拍卖、义演、赞助等皆是如此。为此，许多人都说洛克菲勒真是"小家子气"，甚至还有人骂他是"铁公鸡"。为此，洛克菲勒总是默不作声。其实，洛克菲勒在做好事上，从来不喜欢出风头，他总是把"首善"的机会留给别人。他说，出风头的机会要留给别人，我只需要在背风处享受安逸就行了。这不禁让我想起洛克菲勒的另外一句话：沉默带给你的好处很多，摆低姿态，变得谦虚，换言之就是隐藏你的聪明。越聪明的人越懂得沉默，就像成熟的稻子，稻穗总是低垂的。

是的，越内敛，越风度翩翩；越抢风头，越容易头破血流。生活中，恰恰需要一些美丽的"隐藏"。隐藏自己的优势，往往是为了保护别人的尊严；隐藏自己的长处，往往是为了成全别人的安身立命之本；隐藏自己的荣耀，往往是为了让更多的荣耀如鲜花撒向众人，让更多的人从善如流，让世界春暖花开。

所以，请珍视生命中那些美丽的"隐藏"吧，让我们默默为那些不争风、不逐名、不显山、不露水的谦谦君子叫好！

| 赏·品悟 |

《菜根谭》一书有言："鹰立如睡，虎行似病。"老鹰站在那里像睡着了，老虎走路时像有病的模样。一个真正有才德的人反而不炫耀，不显才华，这是智慧地隐藏自己，是一种境界，更是一种气度。现实生活中，很多人由于年轻气盛，爱出风头而处处碰壁，那是因为他们还没懂得：做人要比别人聪明，但不要告诉人家你比他更聪明。

📎 每日一诵 ···

红 梅

[宋] 苏轼

雪里开花却是迟，何如独占上春时。
也知造物含深意，故与施朱发妙姿。
细雨裛①残千颗泪，轻寒瘦损一分肌。
不应便杂天桃杏，半点微酸已著枝。

【注释】①裛（yì）：缠绕。

| 诵 · 品析 |

此诗是苏轼贬谪黄州期间所作，诗人紧扣红梅冬雪里怒放，而不赶在百花争艳的春天，不是因为它不够美丽，而是因为它不追逐世风的独特品格，抒发了自己达观超脱的襟怀和不愿随波逐流的傲骨。全词托物咏志，物我交融，浑然无迹，清旷灵隽，含蓄蕴藉，堪称咏物诗中之佳作。

退让的智慧

文_崔鹤同　主题词_退让　心智

谦虚谨慎，清心寡欲，激流勇退，远离名利是非，乃不争之争。

严子陵与刘秀同在太学学习，后来刘秀起兵反王莽，他积极拥护。到了光武帝即位，严子陵便改换了姓名，隐居起来。光武帝想到他的贤能，就下令按照严子陵的形貌在全国查访他。后来齐地上报说："有一位男子，披着羊皮衣在水边钓鱼。"光武帝猜到那就是严子陵，便准备了小车和礼物，派人去请他。请了三次才到，安排在京师护卫军营住下，好生款待。但严子陵仍怀念闲云野鹤的生活。

一天，光武帝亲自来到严子陵居住的馆舍，严子陵装睡不起来。光武帝就进了他的卧室，摸着严子陵的肚子说："哎呀子陵，就不能帮朕做点事吗？"过了好一会儿，严子陵才睁开眼睛，说："过去唐尧那样显著的品德，巢父许由那样的人，听说要授给官职尚且去洗耳朵。读书人本各有志，何以要到强迫人家做官的地步？"光武帝说："严子陵，我竟然不能使你做出让步？"于是便叹息着离开。第二天，刘秀又派人请严子陵到宫里去，打算授予他谏议大夫的职务，严子陵不肯接受，把官帽放在府第的墙角就离开了，到富春山过着耕种生活。他活到80岁，无疾而终。

南朝齐梁时的陶弘景，小时候很聪明。四五岁常以芦荻为笔，在灰沙上学写字。10岁看了葛洪的《神仙传》等著作，昼夜研寻。长大以后，"神仪明秀，朗目清眉"，

人生是一盘棋，落子就不能反悔；人生是一条河，滚滚东去再不复回。既如此，于阻隔处退让，在绚烂前谢绝，是一种品质。退让是一种内敛的态度；谢绝是一种淡泊的心态，退让和谢绝，虽表现不同，但都是品性豁达、人生通透的大智慧。

不到 20 岁，便做诸王侍读的官，深受梁武帝的赏识。由于志不在官，不久他就向梁武帝辞官回乡。此后，先是东阳郡守沈约几次写信邀请他，他不来；接着，梁武帝屡加礼聘，他也不出。梁武帝问他："山中有什么值得你留恋，为什么不出山呢？"陶弘景先写了一首诗，后画了一幅画作为回答。诗为《诏问山中何所有赋诗以答》："山中何所有，岭上多白云。只可自怡悦，不堪持赠君。"画的内容是：画了两头牛，一头散放水草之间，自由自在；一头锁着金笼头，被人用牛绳牵着，并用牛鞭驱赶。梁武帝看了诗和画，领会到他的用意，就不再强迫他做官。但是皇帝仍很信任他，"国家每有吉凶征讨大事，无不前以咨问"，故当时人称之"山中宰相"。后来，他在山中建了一幢三层的楼房，"弘景处其上，弟子居其中，宾客至其下"，关门读书，与世无争，最终完成了医药著作《本草经集注》，千古流芳。

三国时的阮籍，3 岁丧父，家境清苦，勤学而成才。阮籍在政治上本有济世之志，曾登广武城，观楚、汉古战场，慨叹："时无英雄，使竖子成名！"当时明帝曹叡已亡，由曹爽、司马懿共辅曹芳，二人明争暗斗，政局十分险恶。曹爽曾召阮籍为参军，他托病辞官归里。正始十年，曹爽被司马懿所杀，司马氏独揽朝政。司马氏杀戮异己，被株连者很多。阮籍本来在政治上倾向于曹魏皇室，对司马氏集团怀有不满，但同时又感到世事已不可为，于是他采取不涉是非、明哲保身的态度，或者闭门读书，或者登山临水，或者酣醉不醒，或者缄口不言。

钟会是司马氏的心腹，曾多次探问阮籍对时事的看法，阮籍都用酣醉的办法获免。司马昭本人也曾数次同他谈话，试探他的政见，他总是以发言玄远、口不臧否人物应付过去，使司马昭不得不说"阮嗣宗至慎"。司马昭还想与阮籍联姻，籍竟大醉 60 天，使事情无法进行。不过在有些情况下，阮籍迫于司马氏的淫威，也不得不应酬敷衍。他接受司马氏授予的官职，先后做过司马氏父子三人的从事中郎，当过散骑常侍、步兵校尉等，因此后人称之为"阮步兵"。他还被迫为司马昭自封晋公、备九锡写过"劝进文"。因此，司马氏对他采取容忍态度，对他放浪佯狂、违背礼法的各种行为不加追究，他最后得以终其天年。

相比而言，范蠡功成身退时曾规劝文种："狡兔死，走狗烹；高鸟尽，良弓藏。越王为人，长颈鸟喙，可与共患难，不可与共荣乐，子何不去？"文种不信。有一天，勾践派人给他送来一口剑。文种一看，正是当年夫差叫伍子胥自杀的那口宝剑。文种后悔没听范蠡的话，只好自杀了。可怜文种不明白"敌国灭，谋臣亡"的道理，心存侥幸，执迷不悟，最终招致身首异处。

同样，刘邦坐了天下，曾问韩信："你觉得我可带兵多少？"韩信："最多十万。"刘邦："那你呢？"韩信："多多益善。"刘邦："那我岂不是打不过你？"韩信："不，主公是驾驭将军的人才，不是驾驭士兵的。"话虽如此，但言语之间韩信太狂妄自大，目中无主了，已埋下祸根。且后来他又与阳夏侯陈豨谋反，泄密后被吕后和萧何施计，遵循刘邦曾给韩信"三不死"的承诺：见天不死，见地不死，见兵器不死！被用麻袋捆绑，于长乐宫钟室被宫女用削尖的乱竹刺死，惨不忍睹。对此，司马迁说："假令韩信学道谦让，不伐己功，不矜其能，则庶几哉，于汉家勋可以比周、召、太公之徒，后世血食矣。不务出此，而天下已集，乃谋畔逆，夷灭宗族，不亦宜乎！"韩信居功自傲，觊觎权势，铤而走险，终遭灭顶之灾。

　　谦虚谨慎，清心寡欲，急流勇退，远离名利是非，乃不争之争，方能忠以为国，智以保身，逢凶化吉，颐享天年，名彪史册。这也是退让的最高智慧。

　　| 赏·品悟 |

　　古语言："退一步天高地阔，让三分心平气和。欲进步需思退步，若着手先虑放手。"意思是说，智者能相机而动，懂得急流勇退。退让，并非消极，也并非懦弱，而是寻找更坚固的立足点；退让，并非明哲保身，也并非故步自封，而是一种淡然处之、坦然面对的大智慧。"如得意不宜重往，凡做事应有余步"，前事不忘后事之师，先哲们的经验和教训，该引起我们的深思。

"谢绝"的智慧

文_陈鲁民　主题词_谢绝　追求

　　学会谢绝，可以帮你节约时间；学会谢绝，可以帮你集中精力做事情。

　　美国化学家弗朗西斯·克里克在获得诺贝尔奖后，就为自己订了一份通用的谢绝书："对您的来函表示感谢，但十分遗憾，他不能应您的盛情邀请而给您签名，赠送相片，接受采访，发表广播讲话，在电视中露面，赴宴和讲话，充当证人，阅读您的文稿，做一次报告，参加会议，担任主席，充当编辑，接受名誉学位等等。"克里克不无智慧的谢绝，虽然少了"人情味"，但却避免了无数麻烦，省去了许多无意义的社交应酬，节约了大量宝贵时间。

大概名人、要人、成功人士都会遇到类似的麻烦，都需要拿出谢绝的勇气与智慧。谢绝，则既要把事情回掉，还要感谢人家的"好意"；既要语言委婉，合乎情理，又要坚决而不妥协，所以，如何措词，还要经过一番踌躇，需要一点儿智慧。

钱钟书先生生性淡泊，最烦应酬，特别是晚年，几乎谢绝所有宴请、演讲、兼职和采访，尽管人家都是好意。可钱先生不这样看，"吃到一个鸡蛋觉得很好，就有必要去见下蛋的母鸡吗？"他这样谢绝那些希望拜见他的读者，倒也不失幽默诙谐。而对于种种胡吃海喝的宴请，他又这样谢绝：不愿"花些不明不白的钱，吃些不干不净的饭，见些不三不四的人，说些不痛不痒的话"，似乎直接有余，巧妙不足，但更见先生之清高狷介，也更有成效。

作家茅盾是个温和厚道的人，他的谢绝很客气，带有商量的味道。1958年3月，茅盾给中国作家协会办公室写了封信说："现在写一点我个人的规划，可是规划是订下来了，能不能完成，要看有没有时间。这就希望领导的帮助：一、帮助我解除文化部长的兼职和政协常委的兼职；二、帮助我解除《中国文学》和《译文》的两个兼职；三、帮助我今年没有出国任务。如果照上面所说，一面挂名兼职这么多，一面又不得不把每星期五分之二的时间用在开会、酒会、晚会等几种'会'上，那么我就只能不写小说了……"正是因为他的谢绝太过客气，不够决绝，当然还有"工作需要"，所以不大奏效，他不得不日复一日地泡在开会、酒会、晚会上，写作计划基本落空，在他后半生的三十年里没有一部有影响的作品问世。

与茅盾相反，诺贝尔文学奖得主匈牙利作家伊姆雷·凯尔泰斯，谈到其成功的最大诀窍，就是"善于谢绝各种邀请和应酬，成功地关上了自己的门"。他一向谢绝采访，谢绝各种会议，谢绝入选名人辞典之类，以至于《中国大百科全书》的外国文学卷、《东欧国家文学史》、几种版本的《世界文化名人辞典》，都查不到他的名字。也正是因为他谢绝了几乎所有与写作无关的活动，才得以集中精力去从事他钟爱的文学创作，卧薪尝胆默默无闻地耕耘了大半辈子，最终问鼎诺贝尔文学奖。

人生苦短，转眼百年。学会谢绝，可以帮你节约时间；学会谢绝，可以帮你集中精力做事情。那么，就请你适时关闭电话和电子信箱，以减少各种"热情"干扰。

那些可有可无的应酬，充当"花瓶"的作秀，五花八门的研讨会、颁奖会、演讲会，电视台的名人访谈、名目繁多的大赛评委，能谢绝就坚决谢绝，这里不妨学学钱钟书先生的幽默而决绝的精神，学学克里克先生的巧妙措词和不妥协态度。

| 赏·品悟 |

谢绝，是以一种委婉的方式，拒绝善意的邀请或请求。人生苦短，转眼百年，生命中充满诱惑的东西很多，并非所有的获得都值得称赞，也并非所有的舍弃都让人遗憾。作者列举了大量的事例，从正反两方面告诉我们：学会谢绝，可以帮你节约时间；学会谢绝，可以帮你集中精力做事情；学会谢绝，懂得舍弃，生命才会拥有一份独特的美丽。

每日一诵

落 叶

[唐] 修睦

雨过闲田地，重重落叶红。
翻思向春日，肯信有秋风。
几处随流水，河边乱暮空。
只应松自立，而不与君同。

| 诵·品析 |

这是一首以落叶为描写对象的咏物诗。诗人触景伤怀，由重重落叶，想到春日叶子的摇曳，既营造了凄凉的环境氛围，又为下文写松蓄足了势。结尾借物抒怀，以松自喻，表现了作者洁身自好、不入世俗的孤傲清高的品质和追求自由、超凡脱俗的情感。全诗写物图貌，用笔灵活多变，虚实相生，增强了诗歌的艺术魅力，值得借鉴。

母亲传给我两滴水

文_陈志宏 主题词_母亲 哲思

做什么事都是这样，不能太过头，不然，什么都没了。

母亲是一个没有多少文化的农家妇女，连小学都没上完。

10岁那年，我上三年级。村里流传一种说法：读书读到三年级，爹妈管教要加紧。

开学之初，老师来到我家，对我的父亲、母亲说："你们对他的学习要抓紧一点，管严一点，三年级是一个关啊。"

此后，我上学的时候，母亲不忘叮嘱一句："在学校要好好读书。"

此前，她总是说："在学校，莫跟别人打架。"

一个星期天，母亲提着水桶到门前小溪边洗衣服，我夹着语文书跟过去。阳光明媚，风轻云淡，小鸟在树上鸣叫，树叶在风中跳舞，我坐在溪边一块岩石上，捧着课本，大声朗读。

母亲停下手中的活，说："宏仔还在看书啊？"

我说："是啊，老师说要抓紧点嘛。"

母亲指着溪水，说："古话说得好，流水不争先。读书不能靠一时性急，想读时就猛读一气。你看，这水慢慢地流啊流，它不去争先后，而一点一滴地积蓄力量。到时候，有力量了，还在乎什么先后呢？"

我问："妈，你是不是不要我看书啊？"

母亲说："不是不要你看书，而是该看书的时候就

天下的父母都是一样，谁不希望自己的孩子成龙成凤？可是孩子的个性千差万别，每一个孩子都有独特的气质、性格、兴趣和爱好。粗放养子、放任自流或虎妈、狼爸式的教育都不免偏颇，唯有爱和智慧，能够开启他们的心灵之门，将成长的种子深播在孩子心灵的深处，发芽吐绿，开出灿烂的花朵。

好好看，该玩的时候就尽情地玩。你越要争先，越争不到先，做什么事都要慢慢来，一口吃不成一个胖子。"

母亲的话一说完，我就扔下书本，一头钻到皂角树林里，采摘皂角。

那个阳光灿烂的上午，我在皂角树上尽情地玩耍，母亲洗好衣服的时候，我的衣服兜里装满了青嫩的皂角。

从此，我的脑袋里装下这么一句话：流水不争先。

上了初中，学校离家很远，只有在周末，我才回一次家。那时候，我开始注意锻炼身体并发誓要练出男子汉般的身材。

每天早上，我和同学们早早起床，在一棵树下扔沙包。

那次回家，我主动帮母亲提水。母亲看着我提着两个水桶，露出欣慰的笑容。那一刻，我觉得自己真的长大了。

我家在院子里掘了一口压水井，把水桶放在出水口下，只要轻轻地压，井水就源源不断地流出来。我用力地压水，出水口的井水喷涌而出，不一会儿，两只水桶装满了清澈的井水。

母亲从厨房走出来，喊道："宏仔，你莫把水装得太满，满水不供家哩。"

我说："没事，我提得动。"

我左右开弓，一手提一只盛满水的木桶，只听见"哗哗"的泼水声，井水沾湿了一路。

在厨房里，母亲说："你看，装满水后提到屋里，还不是少了一大截？"

我不解地问："妈，'满水不供家'是什么意思？"

母亲说："水装得太满，不就泼了吗？泼了的水，怎么供得了家？其实，做什么事都是这样，不能太过头，不然，什么都没了。"

| 赏·品悟 |

每一位母亲都是孩子的启蒙老师，她们用特有的聪颖和智慧，为孩子打开了认知世界的大门，引领孩子走向灿烂的人生。著名作家陈志宏也深有同感。文章叙述母亲对"两滴水"——"流水不争先""满水不供家"的见解，这种见解虽然不是什么豪言壮语，但点燃的是心灵之火，折射出的是智慧之光，让"我"无论做什么都"态度端正，脚踏实地慢慢学"。母亲的"两滴水"早已在心灵深处化成一泓清泉，汩汩流淌，伴"我"成长……

父亲说，孔子曰

文_刘国庆　主题词_父亲　教诲

父亲说，孔子曰，《论语》几乎成了我们爷俩独特的交流方式，特殊的情感密码

祖父是个木匠，主攻大器作，就是帮人盖房子、立木架、造犁耙；父亲也是个木匠，主修小器作，做一些精致的木器，在上面雕刻一些花鸟虫鱼，闲暇时也打打家具。小时候，我是在碎木屑里长大的，一闻到原木的清香就觉得亲切无比，不到七岁，便吵着要学手艺。祖父不同意，他希望我能跳出这个行当，在他的旧观念里，木匠总属于三教九流的圈子。父亲看了祖父一眼，说了一句，君子不器。祖父就不吭声了，开始痛痛快快教我挑木料，画墨线。到后来，被父亲逼着背《论语》，才知道这是孔老夫子的话，意思是，君子应该博学多能。这是我第一次感受到《论语》的力量。

等年长一点，胆子大了一些，我便跟着大哥去大队的果园里偷苹果。把裤子脱下来系上裤腿，搭在脖子上就成了最好的口袋，后来不幸被人发现，我跑得慢被抓住了。看果园的扭着我的耳朵去见父亲，我则把责任都往大哥身上推。父亲拿出戒尺，问道："君子求诸己，后面一句是什么？"我说："小人求诸人。"父亲又问："那你是要做君子还是小人？"我听明白了父亲的意思，于是低下头开始小声认错。父亲听了之后，居然消了气，收起戒尺，和颜悦色地让我洗手吃饭。之后很多年，我才体会到父亲的良苦用心，其实，他这是在教我怎样做人。戒尺打在手上，疼一会儿就忘了；可一次温厚的宽恕，却能让人记一辈子。

我念初中那会儿，村里人把旧房子都拆了，开始盖楼房。母亲跟父亲商量："要不然咱也把房子翻翻新，加盖个小二层？"父亲这个人一向知足常乐，他说："这房子是咱们结婚时，我跟他爷一砖一瓦盖起来的，冬暖夏凉，大小也正合适，没必要跟这个风，孔子不是说嘛：'君子怀德，小人怀土'。总想着置办田土产业，什么时候有尽头啊，好日子是心里美。"母亲便不说话了，想想也对，只要一家人没病没灾，不就是最大的幸福么，也就打消了这个念头。父亲高兴的时候爱喝上两口，喝醉了就拉着母亲的手又唱又念，最喜欢喊的是"贤哉回也"。母亲每次

总是宽容一笑，小声骂道："糟老头子，去跟颜回过日子吧。"

　　生活里当然也有不如意的时候，那一年大哥毕业，工作不好找，心情很差，跟女友又闹了别扭，回到老家蒙头便睡，后来在母亲的劝说下，终于肯起床吃饭。席间，一向健谈的父亲，这次却很是沉默。我小心翼翼地说了一句："子曰：'不患无位，患所以立。'大哥，别着急，只要好好积淀，努力充实自己，肯定能找到好工作。"父亲一听就笑了，拿过酒来给大哥满上，说："你弟弟讲得好，其实仔细想想，不都是些鸡毛蒜皮嘛，这世上哪有过不去的坎，来，走一个。"那天晚上大哥喝多了，父亲吃力地把他扶到床上，帮他脱掉鞋子，掖好被角，自己则在一旁坐了很久。我看得出，他的眼里都是担心和怜爱。

　　那么多年过去了，父亲说，孔子曰，《论语》几乎成了我们爷俩独特的交流方式，特殊的情感密码。说好了"父母在，不远游"的我跟大哥，一个比一个游得远，父亲也越来越老了。我在国外有时候一个电话打过去，父亲半天说不出话来，最后才蹦出一句"父母唯其疾是忧"。母亲在一边实看不下去了，一把抢过电话，"糟老头子是说他想你呢，他每天都盼望你哥俩能来个电话。出门在外要照顾好自己，吃饭上千万别省。"我在电话这头，听得心里边不是滋味，对母亲笑着说："妈，父亲讲的我懂，我都懂。"

　　我父亲就是这样一个敦厚朴实的老木匠，一个懂《论语》的手艺人，能成为他的儿子，是我一生最大的荣耀。

赏·品悟

　　一部《论语》，让我和父亲之间有了独特的交流方式；平常的语言文字，成了我们父子之间特殊的情感密码。那睿智聪颖的话语，流淌的是父辈对我们的谆谆教诲，更成为父子间温馨和幸福的记忆。文章以《论语》中的言论贯串全文，以时间为顺序，刻画了一个"敦厚朴实的老木匠，一个懂《论语》的手艺人"的父亲形象，独特的交流方式，不仅让我们感受到《论语》的魅力，更让我们品味到亲情滋味的甘醇，别有一番情趣。

与浩初上人同看山寄京华亲故①

[唐] 柳宗元

海畔尖山似剑铓②，秋来处处割愁肠。

若为化作身千亿，散上峰头望故乡。

【注释】①浩初上人：潭州人，龙安海禅师的弟子，时从临贺到柳州会见柳宗元。上人：对和尚的尊称。山：指柳州附近的山峰。京华：京城长安。②海畔：畔，边。柳州在南方，距海较近，故称海畔。剑铓：剑锋，剑的顶部尖锐部分。

| 诵·品析 |

这是一首思乡诗。诗人与友人看山望远，触及思乡情思。前两句以剑喻山峰，谓其割人愁肠，突出作者深切思念之情；后两句由峭拔似剑铓的群峰进一步产生出一个奇特的幻想，期望化身千亿，散上诸峰以望故乡，既表现了对故乡的思念，更表现了对"京华亲故"的急切期待。全诗因景生情，融情入景，想象奇特，比喻新颖，作者谪居的愁苦与望乡的悲哀在短短二十八字里表达得深挚感人，具有很强的艺术感染力。

谁是最智慧的人

文_周国平　主题词_聪明　智慧

西塞罗说，「智慧是对一切事物产生这些事物的原因的领悟」，意思是说智慧源自知识，是对事物认知的高屋建瓴式的理解和把握。聪明的人并不一定是智慧的人，但智慧的人一定是聪明的人。慧由心生，智者从来都是博学睿智，时时处处都散发着人性的魅力。

智慧不是一种才能，而是一种人生觉悟，一种开阔的胸怀和眼光。

在古代雅典城里，有一座德尔斐神庙，供奉着雅典的主神阿波罗。相传那里的神谕非常灵验，当时的雅典人一遇到重大的或疑难的问题，便到庙里求谶。有一回，苏格拉底的一个朋友求了一个谶："神啊，有没有比苏格拉底更智慧的人？"得到的答复是："没有。"

苏格拉底听说了，感到非常奇怪。他一向认为，世界这么大，人生这么短促，自己知道的东西实在少得可怜。既然如此，神为什么说他是最智慧的人呢？可是，神谶是不容怀疑的。为了弄清楚神谶的真意，他访问了雅典城里以智慧著称的人，包括著名的政治家、学者、诗人和工艺大师。结果他发现，所有这些人都只是具备某一方面的知识和才能，却一个个都自以为无所不知。他终于明白了，神谶的意思是说：真正的智慧不在于有多少学问、才华和技艺，而在于懂得面对无限的世界，这一切算不了什么，我们实际上是一无所知的。他懂得这一点，而那些聪明人却不懂，所以神谶说他是最智慧的人。

这么说来，智慧有点儿像是谦虚，不过这是站在很高的高度才具备的一种谦虚。打个比方说，智慧的人就好像站在神的位置上来看人类包括他自己，看到了人类的局限性。他一方面也是一个具有这种局限性的普通人，另一方面却又能够居高临下地俯视这局限性，也就

在一定意义上超越了它。有位哲学家说得好："一个人具有人的一切弱点，同时又像神那样坦然处之，你应当把这看作一种成就。"

所以，智慧和聪明是两回事。聪明指的是一个人在能力方面的素质，例如好的记忆力、理解力、想象力，反应灵敏等等。具备这些素质，再加上主观努力和客观机遇，你就可以在社会上获得成功，成为一个能干的政治家、博学的学者、精明的商人之类。但是，无论你怎么聪明，如果没有足够的智慧，你的成就终究谈不上伟大。也许正是因为这个原因，自古到今，聪明人非常多，伟人却很少。智慧不是一种才能，而是一种人生觉悟，一种开阔的胸怀和眼光。一个人在社会上也许成功，也许失败，如果他是智慧的，他就不会把这些看得太重要，而能够站在人世间一切成败之上，以这种方式成为自己命运的主人。

| 赏·品悟 |

谁是最智慧的人，是最聪明的人吗？生活中很多人容易将智慧和聪明混淆，周国平先生用苏格拉底的故事告诉我们，智慧和聪明是两码事，聪明是一个人的能力素质，而智慧却是一种人生觉悟，一种开阔的胸怀和眼光。文章以故事引入，并生发议论感悟，于平易近人的诉说中阐明观点，以正视听，达到省人劝世的目的。

善恶一念间

文_流沙 主题词_善恶 转变 机智

善恶往往只在一念间，许多时候，主导一个人的是善还是恶，也往往是你的一念间。

一位在新西兰留学的女孩在微博上讲了一个故事。

一天晚上，她为朋友过生日。从餐厅出来后，夜已深。住处离餐厅不远，步行十分钟就可以了。

走到半路上，她觉得后面有个人一直在尾随。她走得快，那人也走得快；她走得慢，那人也走得慢，显然，此人有不轨之图。前面就是一个僻静的小树林，那里灯光幽暗，寥无人迹。

她想，自己绝不能走过这个小树林。脑中电光一闪之际，她猛地一个转身，径直朝那人走去。

她见那是一个本地人，体形强壮。见她突然向自己走来，他手足无措，呆在那里。

她走到路灯下，浅浅地笑着，说："先生，你能不能帮我一个忙，前面那个小树林太暗了，我无法一个人通过，你能不能走在前面……如果你不愿意的话，那我就回餐厅请我的朋友来陪我过去，但我想，你肯定是乐意的。"

女孩说完，看着远处仍然有灯光的餐厅。

那人沉默片刻，点点头。

此时有车辆驶过，远处还有人声。那人竟然转身跑了。她站在灯光下，已虚脱得快要站立不住了。

女留学生在危急时刻，用最大的勇气救了自己。许多网友都说她非常勇敢，还有网友说她非常幸运。但有网友却不这样认为，他（她）认为面对暴力，勇敢是脆弱的，运气更加不靠谱。有时候，"善意"可以治暴，它能挽救坏人，打造好人。

再说一个故事吧。

有位白领在整理靠窗的办公桌时，一不小心将自己的包碰落到窗外，包掉在了大楼下的人行道上。

此时走过一个清洁工，看到了她的包。清洁工捡起来在翻看，里面有一万多元的现金、手机、信用卡、项链。

她在楼上大喊，但地处闹市中心，她的声音被淹没在喧嚣中。她见那个清洁工把她的包放入清洁车，快速地离开了。

她心急如焚，赶到了楼下，朝着清洁工离开的方向追去，追了四五百米，她终于见到那个正准备骑电瓶车离开的清洁工。

她气喘吁吁地说："阿姨，谢谢你了，那个包是我的，你不用交给警察了。"

清洁工愣住了，不远处就有正在执勤的交警。清洁工说："是的，我正准备把

它交给警察，既然你来了，那就还给你吧。"

清洁工拿出了包，然后骑上电瓶车，飞快地走了。

善恶往往只在一念间。许多时候，主导一个人的是善或是恶，也往往是你的一念间，好人可以由你打造，在于你是以善待之，还是以恶待之。

| 赏·品悟 |

"善"与"恶"在人性中光影相随，如币之正反，山之阴阳，彼此对立又相存相依，善恶只在一念间。而能够化恶为善，打造好人的，是智慧，是善意的心灵。文章采用叙议结合，以两个小故事叠加，最后总结升华的形式构思全文。作者没有对情节太过雕琢，只是把重点放在了对人生际遇的表述上，似讲故事，又似在内心独白，于不动声色中，将智慧的种子深埋读者心中，启迪你的人生。

中夜起望西园值月上

[唐] 柳宗元

觉闻繁露坠，开户临西园。

寒月上东岭，泠泠疏竹根。

石泉远逾响，山鸟时一喧。

倚楹遂至旦，寂寞将何言。

诵·品析

　　这是一首写景诗。诗人贬谪永州之时，夜不能寐，起望西园，抓住繁露、寒月、疏竹、石泉、山鸟等意象，生动地勾画出了幽深、寂静的月夜景色，营造了凄清、寂寞的意境。在写法上，诗歌采用以动衬静的手法，抓住在静夜中听到的各种细微声音，用越远越清晰的泉水声和偶尔一喧的鸟鸣等，反衬出夜的寂静，环境的清远和空旷，从而衬托出作者在谪居僻远之地，孤独愁苦，无人理解的寂寞情怀。

勇于"不敢"

文_乔兆军　主题词_不敢　敬畏

> "不敢"，它的深层含义就是人心中要有所敬畏。

勇敢是一个褒义词，是一种值得肯定、赞扬的精神。然而，有时候"不敢"也不失为一种勇敢，而且是一种富有智慧的勇敢。

十九世纪德国"铁血宰相"俾斯麦，是一位有名的决斗家。有一次，俾斯麦与科学家维磋因言语不和，向他提出决斗。收到邀请的维磋既吃惊又为难，身为科学家的他并不擅长决斗。

决斗那天，俾斯麦大方地让维磋优先选择决斗武器。令人惊讶的是，维磋拿出两条事先准备好的腊肠，并解释道："因为我是个科学家，所以选择腊肠作为决斗武器。这腊肠其中一条十分可口，另一条却灌满了致命的细菌。"他接着对俾斯麦说："来吧，请选择你的'武器'，我们一起吃吧！"

俾斯麦望着这两条腊肠，愕然半晌，生气地转身离去，有生以来第一次红着脸退出了决斗场。

作为军人，俾斯麦不打无准备之仗，或许他不屑于以腊肠对决，但无论如何，维磋运用自己的聪明与智慧化险为夷。维磋如果逞一时之勇，上决斗场彼此开枪射击，无异于蒙着脸面对死亡，倒不如以腊肠对决，或许还有险胜的机会。

《道德经》第七十三章："勇于敢则杀，勇于不敢则活。"意思是：一个人无所顾忌，则充满凶险，有所顾忌，则稳妥灵活。事实上，古往今来，成大事者，都

生命的艺术，不在于一路狂奔，而在于有走有停，饱览一路风景。

旖旎风景，绮丽俊美，灯红酒绿，诱惑多多，一个人懂得了"知止"与"不敢"，对名利多一份淡定，对得失多一点坦然，对公德多一份敬畏，再平凡的人生也会过得有滋有味。

是既勇敢同时又勇于"不敢"的。

《论语》中，子路问孔子："谁比较适合带兵打仗？"孔子答："我。"子路反问道："我不是很勇敢吗？"孔子说："可我不仅勇敢，而且还勇于不敢呀！"孔子的"勇于不敢"，不失为金玉良言。

《明史·杂俎》中，记载了这样一件事：有一次，明太祖朱元璋向大臣们提出了这样一个问题：什么样的人最快活？众人各抒己见，都不能令朱元璋满意。这时，一名叫万钢的官员奏道：畏法度的人最快活。朱元璋听后，龙颜大悦，连声叫好。

"不敢"，它的深层含义就是人心中要有所敬畏，敬畏天理，敬畏法度，不可越线，要自警自省，守住做人本色。和"不敢"形成鲜明对照的是一些人的"敢"，不该办的事敢办，不该拿的钱敢拿，台上讲廉政，台下搞腐败，置党纪国法于不顾，结果落得身败名裂。

勇于"不敢"，与怯弱是不同的，它不是畏首畏尾，不是胆小怕事，而是深谋远虑，审时度势。它是为人处世的重要准则，是人生的一种大境界。

| 赏·品悟 |

古语云："大智若愚，大勇似怯。""怯"者，不敢也。草怕严霜霜怕日，人活世上总要有所怕的。但该"敢"时挺身而出、毫不畏惧，上刀山下火海在所不辞；该"不敢"时恪守规矩，不越雷池一步，这样的"不敢"，是一种道德情操，更是一种高尚人格。做人要"勇敢"，更要"勇于不敢"，俾斯麦如此，孔子如此，那些身处高位的人，更应如此。

知 止

文 _ 张继高 主题词 _ 知止 自知

一个人要有自知之明，要懂得从社会上取得多少才是适当的。

年幼时，父亲不止一次以"知止"二字教育我们。当时觉得这两个字既玄又深，不能明白其中的深意。有一年中秋，乡亲送来了两篓上好的白石榴，香甜多汁，我不禁吃个不停。夜晚腹泻，父亲趁机训诲说：这就是不懂得吃东西也应该"知止"的缘故啊。

到了中年，每读名人传记，或观察时人的成败升沉，发现其灾祸发生的起因在于不懂得"知止"之道的，可以说是比比皆是。一个人理应知道他从社会上取得的最大限度是多少，超过这个限度，命运便会报复他。问题是这个"限度"并没有科学的计算方法，也没有客观的标准。能够估量得恰到好处的人，全凭他的自知与自省的功夫，外加一二肯直言规劝的朋友的适时谏阻。

困难的是，已揽大权、已赚大钱的人对"知止"特别地听不进去。像王安石，其能力、政见可以说是卓绝一代，在宋神宗的宠信之下，他独揽军政、经济大权于一身。然而他做事太急、太贪，总想一下子就"全面"改革，结果根本无法建立真正的功业。其不懂"知止"之道可谓极矣。

由王安石想到乔治·华盛顿，就觉得华盛顿高明。华盛顿虽然指挥过美国历史上赫赫有名的独立战争，但战争结束后他不以功臣自居，决心回到老家种田。他说："我毕生最大的兴趣在农作。"其"知止"功夫可以说是到家了。

我对培根的散文百读不厌。他有一句讽刺不懂得"知止"的人的话："升级不是一件容易的事，人们费了很大的劲，一级级往上爬。结果地位愈高，愈是痛苦，而且有时还是很卑鄙的。人们用不尊严的手段爬到尊严的地位，结果是怎样呢？他们的地位是岌岌不保的。说垮便会垮下，不然也会慢慢减色，渐渐地被淘汰。"

我有些近十年在商界曾经呼风唤雨过的朋友，如今不少已潜逃海外，身败名裂，或者正在苟延挣扎之中。其中一二位在他们春风得意，夜夜逐酒征歌，结纳权贵，炒地皮、卖军火的时候，我就曾婉劝他们适可而止、相机打住。可惜他们听不进去。

一个人要有自知之明，要懂得从社会上取得多少才是适当的。"钱""权"都是如此。要想生活得心安理得，培养一点"知止"精神是很必要的。在一个高度进步而民主的社会中，人的观念有法律、道德和知识来随时制衡，自然会产生一些"知止"的想法。而在眼下这个嘈杂浮躁的社会里要懂得"知止"之道，就只有靠自我修养了。

| 赏·品悟 |

老子《道德经》云："知足不辱，知止不殆，可以长久。"是说人若做到知足和知止，便可以长久不殆。仔细体会，知止又要比知足的境界更高一层：知足是人家给多少，你"虽然不满意，但可接受"；知止是自己看着到了某个程度了，伸手去挡住，说"我不要了"。前者是被动，后者是主动。文章以自己的认识和经历，从正反两方面告诫人们要懂得知止而为、行止有度，言辞恳切，警世醒人。

✒ 每日一诵 ···

八阵图

[唐] 杜甫

功盖三分国，名成八阵图。
江流石不转，遗恨失吞吴。

| 诵·品析 |

这是一首咏古抒怀诗。诗人置身传说中的诸葛亮八阵图之中，触景生情。前两句颂扬诸葛亮的丰功伟绩，后两句是对刘备吞吴失师，葬送了诸葛亮联吴抗曹的伟业表示惋惜，"遗恨"即表达了对诸葛亮功败垂成的遗憾，又透露出自己垂暮无成的抑郁情怀。全诗融议论入诗，既是怀古，又是抒怀，情中有情，意蕴深厚，给人一种此恨绵绵、余意不尽的感觉。

享受归零的乐趣

文 _ 俞锦辉　主题词 _ 归零　豁达　心态

> 何谓归零？也就是清空过去，把自己心灵的一切清空，不背任何包袱，简单生活，轻松快乐地面对一切。

人生有一种乐趣，叫作"归零"。何谓归零？也就是清空过去，把自己心灵的一切清空，不背任何包袱，简单生活，轻松快乐地面对一切，让自己的未来从零开始，就像大海一样把自己放在最低点来吸纳百川。这好比用计算器计数，算完一道题最好回到零的状态，再算第二道题，如果在前面的基础上继续算，肯定算出一笔糊涂账。如果这道题的数字很多，算了一部分，也最好归零，再算另一部分，免得中间计算出错而前功尽弃。这又像在纸上写字，写满一页，自然翻到第二页，从"空"处接着写，如果仍然在本页写后面的内容，最后肯定会连自己都看不懂到底写的是什么。

一个人最大的悲哀，就在于总是活在过去。其实，昨天正确的东西，今天不见得正确；过去行之有效的办法，现在不见得可行。留恋过去的人难以面对现状，他将会陷入无休止的抱怨与牢骚中。不懂得忘记过去，那么他也不可能创造将来！当一个人的发展遭遇某种瓶颈时，总会感受到一种难以摆脱的压抑和烦躁，主动寻求排解和减压无疑是一种正确的选择。以归零的方式放弃从前，关上身后的那扇门，你就会发现另一片美丽的花园，找到另一番工作的激情和生活的乐趣。归零的乐趣就在于让你忘记过去的成功和失败，学会从零开始，让人生的每一天都显得那么新鲜美好。

攥紧了手掌，手掌里什么都没有；张开双手，你拥有的是整个世界。人生路上，适时把自己的内心"归零"，就像大扫除，把充斥心底的杂尘拂掉，坚守住内心的那份宁静，就会多一分明世的清醒，多一分心态的淡泊。

世界球王贝利在 20 多年的足球生涯里，曾经参加过 1364 场比赛，共踢进 1282 个球。他还创造了一个人在一场比赛中射进 8 个球的辉煌纪录。他超凡的技艺令成千上万的球迷为之心醉，甚至还让球场上的对手拍手称绝。他不仅球艺高超，而且谈吐不凡。当他个人进球纪录满 1000 个时，有人问他："您哪个球踢得最好？"贝利笑了，意味深长地说："下一个！"他的话语含蓄幽默，耐人寻味，就像他的球艺一样精彩。

拥有归零的心态，你才会不断吸收各种新的营养去滋养生命。一个杯子是空的，它才可以装上水或者沙子，如果这个杯子是满的，你就无能为力了。归零心态是一种对自我的不断挑战。在攀登者的心目中，下一座山才是最有魅力的。攀越的过程最让人沉醉，因为这个过程充满了新奇和挑战，自己的潜能也得到了最大发挥，还有比这更有诱惑力的吗？许多人总是最在乎完美的结果。我认为，人生真正的超越，应该注重从零开始的过程而不是结果。你关注的重点应该放在每天迈出那新的一步上，而不是总在关心自己已经走了多少步，以及计算还差多少才能达到完美的终点！

学会让自己的过去归零，这是一种懂得享受人生的崇高境界。9 永远不是终点，再上一个台阶，必须从零开始；人活到 99 岁又归于零，从而成为长寿的百岁老人；每天 24 小时，新的一天又从零开始。归零的心态，将使你永远拥有新的人生目标，并不断激励你攀登新的高峰，在崭新的成功中获得无穷的人生乐趣。

著名诗人冰心说得好——冠冕是暂时的光辉，是永久的束缚。一个人只有摆脱了历史的束缚，才能不断迈步向前，才能使自己永远心静如水，宠辱不惊，一生保持乐观向上的心态。

| 赏·品悟 |

著名作家刘震云说过："归零心态就是把自己心灵里的一切清空，把已经拥有的一切剥除，一切归于零的心态。"人生很像时钟，转满一圈便从零开始，又有了新的目标。文章为阐述"归零"的积极意义和人生境界，巧用比喻论证、事实论证、道理论证和对比论证等多种论证方法，论证严谨细致，说理明白透彻，充盈着智慧的光芒，给人启发，让人深思。

宁静是一种生产力

文_于丹　主题词_宁静　能量

一个人能够平心静气，就能够获得一种智慧的能量，提高生命的质量和效率。

清人张潮在《幽梦影》中写道："能闲世人之所忙者，方能忙世人之所闲。"这句话颇有意味，意思是指大家都在忙碌的事情，你能够悠闲地对待它，才会有时间、有心思去满足自己的闲情逸趣。

别人忙碌追逐的你不追赶，别人置之不理的你用心去体会，这是一个发现的过程。发现什么呢？发现一种生活方式，发现生命的质量。《菜根谭》里说："性躁心粗者一事无成，心平气和者百福自集。"讲的是同样的道理。

宁静有时也是一种生产力。一个人能够平心静气，就能够获得一种智慧的能量，提高生命的质量和效率。

我曾经看过一个小故事。一个木匠带着一帮徒弟干活，擦汗时一挥手，腕上的手表飞了出去，掉在刨花堆里。木工房被刨花堆得满满的，足有半人高，徒弟们停下手里的活儿东翻西找，始终没有找着。

天色已晚，师傅说："算了，先去吃晚饭，明天再找吧！"就带着徒弟们离开了木工房。

一个多小时后，师徒们酒足饭饱，回到木工房，见木匠的小儿子坐在门口，拿着手表说："爸爸，我帮你找到手表了。"

木匠很惊讶："我们这么多大人，大白天都没有找到，现在黑灯瞎火的，你是如何找到的？"

男孩说："大家一起找，乱哄哄的。你们走后，我一个人坐在黑暗里，听见手表嘀嗒嘀嗒的声音，顺着声音一摸，就摸到了。"

故事很简单，道理却很深刻。想想看，宁静难道不是一种生产力吗？

《庄子》中说："水静犹明，而况精神！圣人之心静乎！天地之鉴也，万物之镜也。"天地万物是可以映照在我们心中的，前提是心要安静，因为水流就是如此。喧嚣的小溪把碎沫拍打在山崖上的时候，澎湃的大海把浪花摔打在沙滩上的时候，它能照见世界吗？它什么也看不见。

　　一个人的心里有太多欲望，或是过分在意他人的赞誉和诽谤之语，这颗心就会像喧嚣的小溪碎沫和澎湃的大海浪花，鼓荡着，躁动着，以这样的心看世相和自我，能没有偏差吗？

　　安静下来，在中国人传统的生命中发现悠然的欢喜，对今天这个时代而言，也许不只是一件锦上添花的事，说它是雪中送炭也不为过。

| 赏·品悟 |

　　道家有云："重为轻根，静为躁君。"意思就是说静是躁的主宰，人们应该保持一种持重守轻的心境，能做到这一点，生命便会多一丝风情的点缀。文章用《菜根谭》的名言和木匠的儿子找手表两个论据，论证了"宁静是一种生产力"的观点，然后又引用《庄子》的名言说明人为什么不能做到宁静。告诉我们，欲望太多，过分在意他人的赞誉和诽谤，是难以做到宁静的；唯有心平气和才能发现生命的质量，唯有被宁静滋养的心灵才能捕捉到生命的静美。

　　🖋 每日一诵 ···

乡　思

[宋] 李觏

人言落日是天涯，望极天涯不见家。
已恨碧山相阻隔，碧山还被暮云遮。

| 诵·品析 |

　　这是一首思乡诗。诗人独自在外，自然对故乡对亲人倍加思念。诗歌前两句从远处着笔，远望不见家，极写空间距离之远；后两句从近处着墨，写视线被碧山、暮云层层阻隔，给人以故乡遥不可及的感觉，突出了诗人归乡无计的无奈和痛苦，表达了对故乡深挚浓厚的思念之情。全诗色调由明而暗，结构上则层层递进，相思的痛苦不断加深，最终把感情在结尾处推向高潮。

刀 爱

文_乔叶　主题词_伤害　砥砺

让我们铭记刀爱，用生活的砥砺，结出人生的硕果。

　　明媚的三月三如期而至。然而，三月三留给我印象最深的，不是野外风筝飘飞的轻盈和艳丽，而是奶奶用刀砍树的声音。

　　"三月三，砍枣儿干……"每到这个时候，奶奶都会这么低唱着，在清凉的阳光中，手拿一把银亮的刀，节奏分明地向院子里的枣树砍去。那棵粗壮的枣树就静静地站在那里，用饱含沧桑的容颜，默默地迎接着刀的洗礼。

　　"奶奶，您为什么要砍树？树不疼吗？"我问。在我的心里，这丑陋的树皮就像穷人的棉袄一样，虽然不好看，却是它们抵御冰雪严寒的珍贵铠甲。尽管冬天已经过去，可现在还有料峭的春寒啊。奶奶这么砍下去，不是会深深地伤害它们吗？难道奶奶不知道"人活一口气，树活一张皮"吗？我甚至偷偷地想，是不是这枣树和奶奶结下了什么仇呢？

　　"小孩子不许多嘴！"奶奶严厉地呵斥着我，把我赶到一边，继续自顾自地砍下去，一刀又一刀……

　　那时候，每到秋季，当我吃着甘甜香脆的枣时，我都会想起奶奶手里凛凛的刀光，心里就会暗暗为这大难不死的枣树庆幸。惊悸和疑惑当然也有，但是却再也不肯多问一句。

　　多年之后，我长大了。当这件事情几乎已经被我淡

　　每个人都不期望在逆境中生存，每个人都不愿自己有人生的短板，但上天是公平的，给了你顺境，必然给你逆境；给你一个长处的同时也会给你留一个『短处』，智者对此绝不耿耿于怀，而是扬长避短，在逆境中蓄积成长的正能量，把短处打磨成自己的亮点。

忘的时候，在一个远近闻名的梨乡，我又重温了童年的一幕。

也是初春，也是三月三，漫山遍野的梨树刚刚透出一丝清新的绿意。也是雪亮的刀，不过却不是一把，而是成百上千把。这些刀在梨树干上跳跃飞舞，像一个个微缩的芭蕾女郎。梨农们砍得那样细致，那样用心，其认真的程度绝不亚于我的奶奶。他们虔诚地砍着，仿佛在精雕细刻着一幅幅令人沉醉的作品。梨树的皮屑一层层地散落下来，仿佛是它们伤痛的记忆，又仿佛是它们陈旧的冬衣。

"老伯，这树为什么要这样砍呢？"我问一个正在挥刀的老人。我隐隐约约地感到，他们和奶奶如此一致的行为背后，一定有一个共同的理由。这个理由，就是我童年里没有知晓的那个谜底。

"你们读书人应该知道，树干是用来输送养料的。这些树睡了一冬，如果不砍砍，就长得太快了。"老人笑道。

"那有什么不好呢？"

"那有什么好呢？"老人反问道，"长得快的都是没用的枝条，根储存的养料可是有限的。如果在前期生长的时候把养料都用完了，到了后期还拿什么去结果呢？就是结了果，也只能让你吃一嘴渣子。"

我怔在了那里，没有说话。

我被深深地震撼了：树是这样，人又何尝不是如此呢？一个人如果年轻时过于顺利，就会在不知不觉间疯长出许多骄狂傲慢的枝条。这些枝条，往往是徒有其表，却无其质，白白浪费了生活赐予的珍贵养料。等到结果的时候，它们却没有什么可以拿出来奉献给收获的季节。而另外一类人，在生命的初期，就被一把把看似残酷的刀，斩断了圆润而酣畅的歌喉，却因此把养料酝酿了又酝酿，等到果实成熟的时候，它们的气息就芬芳成了一壶绝世的好酒。

从这个意义上讲，刀之伤又何尝不是刀之爱呢？而且，伤短爱长。

当然，人和树毕竟还有不同：树可以等待人的刀，人却不可以等待生活的刀。我们所能做的也许就是，在逆境的时候，去承受挫折并积蓄养料；在顺利时，自己给自己一把刀并慎用养料。

让我们铭记刀爱，用生活的砥砺，结出人生的硕果。

| 赏·品悟 |

俗话说得好，只会在水泥地上走路的人，永远不会留下深深的脚印。只有踏在泥泞的路上，才会留下脚印。文章以枣树、梨树只有经历了刀之伤，才能结出甘甜果实的自然之事告诉我们：人生路上，只有去承受挫折并积蓄养料，才能结出人生的硕果，经受住生活的考验。文章以"刀爱"为题，新颖别致，很能吸引读者的阅读兴趣。

用人之"短"有学问

文 _ 王兆贵　主题词 _ 短处　用人

金无足赤，人无完人，扬长避短是用人的基本常识。

　　金无足赤，人无完人，扬长避短是用人的基本常识。长处与短处是相比较而存在，相对应而成立的。长处如果用错了时机和场合，就会产生副作用，释放负能量；短处如果用对了时机和场合，也能发挥正作用，创造正能量。梁山泊的鼓上蚤时迁，就像孟尝君门下的鸡鸣狗盗之徒一样，怎么说也不是正经人，其行为向来为人不屑，但在关键时刻办成了正事，《时迁盗甲》还登上了京剧的大雅之堂。

　　清代的孙嘉淦，性情古怪，行事固执。人皆见其短，以为不可录用，雍正帝却任命他为御史，并且说，我用的就是他的短处——固执、不懂人情世故。孙嘉淦之短果然发挥作用，被誉为敢言直谏、匡正时弊的一代名臣。

　　正是基于这样的理念和思维，李世民在他撰述的《帝范》一书中告诫后人："智者取其谋，愚者取其力，勇者取其威，怯者取其慎，智愚勇怯兼而用之，故良将无弃才，明主无弃士。"就是说，在会用人的高手那里，是无所谓良才庸才的，运用得法，短处也能变成长处。

　　李世民讲的还只是总体原则，清代提督杨时斋则把"良将无弃才"具体化了。在他看来，军营中无人不可用。即如聋者，宜给左右使唤；哑者，令其传递密信；跛者，令其守放炮坐；瞽者，让其伏地远听。起初，笔者也怀疑这只是个说法而已，整齐划一的军营怎么会让残兵上阵呢？翻阅了一些史料方知：在战事紧张、伤残增多、兵员补充困难的非常时期，上述情况有可能发生。晚些时候的清朝历史学家、礼亲王昭梿，对杨时斋的军事才能钦佩有加，在他所著《啸亭杂录》一书卷四中，辟有"杨时斋提督"专条，赞誉说："其身经百战而功绩尤著者，以杨时斋军门为最"。由此印证，杨时斋的用人之道是建立在丰富的实战经验基础上的。

　　上述例子也许有些冷僻，那么我们再来看看汉武帝是如何用人的。李广迅猛神勇，人称"飞将军"。但由于他靠的是哥们儿义气带兵，无视章法，不守规矩，以致于治军不严，阵容散漫，出兵随意，打起仗来免不了游击习气，领精兵执行突袭、穿插、包抄等任务也许可以，但不适合大兵团正规作战。汉武帝显然是看到了李广的这一短处，所以很少把他放到正面战场上，而是用他做偏师，辅助和策应主力部队。汉匈战争的史实证明，武帝的运筹是正确的。

"短中见长"的用人方略，也广为现代企业所借鉴。譬如说，让急性子送快件，让慢性子干细活，让性情木讷者管档案，让好出风头者搞公关，让吹毛求疵者抓质检，让谨小慎微者抓安监，让锱铢必较者管财务等等。制造感光材料的工序，通常在暗室里进行，视力正常的人即使经过训练也难以胜任，且不大情愿。鉴于盲人习惯于暗中操作，且比常人娴熟，有人建议让盲人从事暗室工作。柯达公司感到这个主意不错，于是便将暗室职员全部换作盲人。这样一来，不仅突破了用人上的"特区"，而且提高了生产效率，同时也为盲人就业带来了机遇，真可谓一举数得。

几乎所有的教科书都告诫人们容人之短，很少提及用人之短。容人之短固然不易，但还只是局限于个人涵养，产生不了直接效益，若能在包容其短的同时善用其短，就不止是双赢了。

| 赏·品悟 |

艳而香的花大多有刺。艳者取其色，容其不香；香者取其味，容其不艳；艳且香者取其色味，容其有刺。生活中大多数的人喜欢用人之长，殊不知用人之短也是用人的大智慧。文章选取雍正、李世民、汉武帝等人的用人之术，用经典的事例告诉我们：金无足赤，人无完人。用人不死板僵化，扬长避短才是用人之道。

南园①（其五）

[唐] 李贺

男儿何不带吴钩②，收取关山③五十州?

请君暂上④凌烟阁，若个⑤书生万户侯⑥?

【注释】①南园：昌谷南园为李贺读书处。其《南园》组诗十三首，写当地景物和杂感，此为第五首。②何：为什么。吴钩：刀名。刃弯，像钩，故名。③关山：关塞河山。④暂上：暂且登上。⑤若个：哪个。⑥万户侯：食邑万户的王侯，这里泛指高官显位。

| 诵·品析 |

　　这是一首抒情诗。诗人巧用两组设问，直抒胸臆，展现自己壮怀激越的胸襟和抱负。诗歌前两句是泛问，也是自问，含有"国家兴亡，匹夫有责"的豪情。"何不"一词，采用反问的语气，启发有志男儿应该带兵打仗，为国分忧，增强了诗句传情达意的力量，又暗示出危急的军情和诗人自己焦虑不安的心境。后两句宕开一笔，以过去封侯之士的荣华尊贵说明投笔从戎的必要性。全诗不用陈述句而用设问句，不仅更有启迪性，而且也隐含着自己作为一名书生怀才不遇的愤激情怀，慷慨激昂，淋漓酣畅，脍炙人口。

院门前有两棵树

文＿蔡成　主题词＿树木　思考

父亲是在说树，可我分明觉得他在说人。

是个冬末，地上还有积雪，不知父亲从哪儿弄来两棵小树苗，一左一右栽在院门前。一棵是泡桐，一棵是柞树。

冬去春来，两棵树都爆出新芽。泡桐又叫水桐，只要它的根须能喝到水，就可长大。才入初春的泡桐已舒展枝叶，半个院墙高。而柞树虽然也长出新芽与嫩枝，却只是个缩着脖子不长进的可怜相。

到夏天了，泡桐已赛过人高，大如蒲扇的叶片，又绿又密，遮出一片阴凉，我和父母夜夜抬着竹床躺在树荫下乘凉。不知不觉中，柞树也渐长，叶片青翠翠的，被我家那条贪吃的小黄牛啃去一些，又被村里几个孩子摘去不少，说是拿去喂蚕。柞树又叫"山桑"，蚕子确实喜欢吃。只可惜，我家这棵矮小的柞树，还没到冬天就露出残枝败叶的落魄相。

"爸爸，把那棵柞树砍了吧，站在那难看死了。"我向父亲建议。

父亲望一眼柞树，说："搁在那里吧，又没阻着我们出入院子，由着它去长。"

过一年，泡桐越发长得郁郁葱葱，仰着脑袋才看到它在空中迎风摇摆的树梢头。这棵高大的泡桐还长得格外笔直，仿佛一支粗壮的箭直插云霄，正所谓"玉树临风"，我再一次向父亲提出，挖了那棵柞树吧，在它的窝里再栽株泡桐多好。

「一花一世界，一叶一菩提。」每一朵花，都洋溢着生机；每一株植物，都充满了趣味。自然界中的一切，不仅可以怡情，给我们以美的感受，更能启迪心灵，增长智慧。用一片禅心，点亮智慧的火花，用心咀嚼，自然中的一草一木都是不说话的智者，带给人的是醍醐灌顶的开悟和惊喜。

父亲笑一笑，没出声。柞树再一次逃脱了灭顶之灾。但我暗想，若它再不加油奋起直追，很快就会遭遇赶尽杀绝的命运。其后几年，我埋头读书，知道春夏秋冬继续循序渐进地往前跑，但忽略了泡桐和柞树的发芽、生枝、抽条、落叶……等到有个周日，我带几个同学回家里玩，离家还远着，我就指着我家房子：那是我家。有同学喊起来："你家门前有棵参天大树啊！"

那棵泡桐真的长成了参天大树。到了院门前，一个女同学跑到树下比比画画，得出的结论是：树干比她的腰粗。这棵泡桐，被同学们一致认为是我们村最高大最漂亮的树。柞树还在，与院墙一般高矮了。只是没有泡桐的伟岸、挺拔，歪着脖子，特别像个驼背的干瘪老头。一个男同学叫着嚷着吊在柞树的歪脖子上做了好几个引体向上，夸一句："咦，你家有现成的健身器材哦。"我笑，没言语，心里头却说了一句："有个屁用，一棵废树。"

初中毕业暑假那年，我家的旧屋子被拆了，一回家，我看到眼前残砖断瓦，老院子倒还在。忽然觉得空落落的，细看，原来是泡桐没了。土坪上摆着几截大木头。父亲说，那就是泡桐树干，准备锯了木条子做椽子盖瓦用。我惊奇，这么粗的木头去锯成细细的椽子，浪费吧。父亲冷冷地说："除了当椽子，别的用场派不上，而且只能当杂物屋顶上的椽子，正屋屋顶需得是杉木椽子才行。泡桐的材质太松软，易腐烂。"

锯成一段段的泡桐躺在地上，空心。生前那样风光的泡桐，原来只不过是个软柿子。比我的胳膊还粗的泡桐的旁枝侧节，后来都做了柴火，很不经烧，一把火晃过去，刹那就化成灰烬。

新楼建好后，院墙也被拆了，准备重新砌个院子。新院子面积大了，柞树不在院门前，被圈进院子里了。母亲迷信，说院子里有棵树不好，想赶紧砍了柞树。父亲说，不用自己动手，会有人上门来买的。我笑：就凭它，有人买？枝干比我的拳头细一半，歪瓜裂枣的，没一段直身子，买了去当拨火棒还行。拨火棒，那是给火炉拨弄干柴的棍子，废树枝而已。

可是，父亲才放出风两日，就有人寻声上门来买柞树了。一番讨价还价，以160元成交。我目瞪口呆。我陪父亲去临近村里买过满满一板车的杉木，干透的杉木根根比我大腿粗，才80元。我挺稀奇地问："买这歪脖子树有啥用？"

"啥用？小伙子，这可是做秤杆的最好木材啊。"那个专做秤杆的师傅自己带了人来锯柞树，连细小的残枝也没留下，一股脑儿用拖拉机通通运走了。

父亲心满意足地点着钞票，瞅我一眼，说："看树木不要老盯着它是否高大和笔挺，材质是否刚劲和坚韧才是最重要的。好多树，虽然好看，其实不中用；柞树，还有柘树，别看它们又矮又小，慢性子，老也长不高长不大，长大了也尽是歪身子，样子难看，可往往是花大价钱也未必买得到的最好木材哩……"

父亲是在说树，可我分明觉得他在说人。

我家院门前有两棵树，人世间有两种人。

一种人，外貌魁梧，四肢发达，头脑简单；另一种人，其貌不扬，内中却满是智慧。

你想要做哪一种人呢？

| 赏·品悟 |

两棵树，一棵是泡桐，一棵是柞树，相同的成长环境，不同的风姿呈现、不同的价值应用，作者感悟到的是做人的道理，人生的启迪。在写法上，文章采用对比手法，由树到人，由自然到人生，将艰深晦涩的人生道理寓于自然现象之中，通俗易懂，增强了说服力。另外，文章以第一人称叙述，自然流畅，也增强了亲近感、信任感，读者读来，如临其境，在不经意间便随作者踏入生活的课堂，获得心灵的升级。

植物的智慧

文_程应峰　主题词_植物　生存

是智慧，就有永恒的魅力，因为它总能穿越时间空间。

都说"一花一世界，一叶一菩提"。这是从植物那里领悟到的生命道理。

很多时候，我们就是通过一株植物来领悟世界的。在土壤里生长的植物，缺少足够的伸展空间，但也可以在一方天地里自由自在地生长。它们不能像动物一样鸣叫，更不能奔跑飞翔，只能静静地、默默地生长，但它们是美丽的，神奇的。事实上，它们也有属于自己的、起伏跌宕的喜怒哀乐、生命渴望。

记得有一回，我从花卉市场买回几小株花树，是店主便宜处理的，买的时候，断枝上有几个花骨朵儿，我没期待它能成活甚至开出怎样的花来，只是觉得它们尚在襁褓里，被主人扔掉可惜。

带回家，培上土，浇上水，就那么放着，偶尔想起，便会加点水。几天过去了，它们完全变成了另一番模样，黄灿灿的花朵，尽情地绽放着，尤其是那折了枝的，开得最灿最艳。平淡的居室，有了它们的装点，一下子显得温馨灵动起来。植物的回报是如此鲜明，给它一点关爱，它就给你最灿烂的色泽，从这里，我看到了植物的智慧所在。

有一种最常见的植物，叫兰花。据说，植物之中，它的智慧无与伦比。它甚至能够迫使蜜蜂或蝴蝶在规定的形式和时间中，按照它所希望的方式传粉。兰科植物的菌根虽然发达，却几乎都扎在地表或浅层土壤中，无法像其他植物那样将根系深入地下寻找水源。为了生存，大多数兰科植物都生长在背阴的山坡上，然而，土壤中过多的水分又会使菌根腐烂坏死，兰科植物于是拥有了千奇百怪的"蓄水池"，石斛兰枝条状的茎、密花石豆兰纺锤形的假鳞茎和芋兰圆圆的块茎都是储水的好工具。正是有了特殊的根茎，兰科植物才得以在其他植物无法涉足的禁区开辟自己的王国。

绝大多数兰花是典型的虫媒花，也就是说需要动物将一朵花的花粉传递到另一朵花的柱头上才能结实。很多虫媒植物为了雇佣传粉者制造了大量的花蜜和花粉，付出了很大的代价，花粉大部分都进了传粉者的肚皮。兰花煞费苦心另辟蹊径，花粉被打包成块状，不给传粉者取食的机会。花粉块同粘盘、花粉块柄一起组成了兰科植物的雄性生殖结构，这种结构会整个地粘在传粉者身上，通过它们传递到下一朵花的柱头，这样一来就避免了因被取食而产生的浪费。虽然不提供花粉，有些兰花还是会向传粉者提供花蜜或者蜡质等。事实上，兰花家族里有三分之一的成员在享受传粉服务时，不给传粉者任何好处。有些兰花将自己装扮得像有花蜜的花朵一样，比如国兰中的蕙兰。一般来说，花瓣上长有深色斑点就相当于告诉传粉者"此处有花蜜，请为我传粉"，这种斑点被称为"蜜导"。虽然蕙兰花中空空如也，唇瓣上却长满了深色斑点，打出了"此处供蜜"的招牌。可怜的蜜蜂不辨真假，钻进蕙兰花中找蜜吃，就只能乖乖地为蕙兰无偿传粉了。除了假蜜导，蕙兰还会发出能够长距离传播的香甜气味。如果一株蕙兰开花，整个山头都弥漫着它的香气。如此之色香俱全，自然会有经不住诱惑的蜜蜂送上门来。

兰科植物将颜色和气味的骗术发展到了极致，这些形态各异，散发着不同香气的花朵对昆虫来说却是一个个美丽的陷阱。即使这样，仍然有缺少传粉者的时候。好在，有些兰花早有准备，没有昆虫传粉照样可以开花结果繁育后代。大根槽舌兰可以给自己授粉，连接花粉块和粘盘的花粉块柄客串了搬运工的角色。在大根槽舌兰花打开之后，它的花粉块柄会向内弯曲360°，并最终将顶端的花粉精确地送入柱头腔中完成受精。一般来说，精卵结合是产生种子的一个重要阶段，为了产生种子，绝大多数兰科植物都在想方设法将花粉送到柱头上，缘毛鸟足兰却无须接受花粉，其子房中的胚珠可以直接发育成种子。通过这些非常措施，大根槽舌兰和缘毛鸟足兰这样的兰花就算缺少传粉者，也可顺利繁殖。

兰花的每一朵花卉都取得了对自己有益的经验，当它们出现在地球上的时候，没有任何楷模可以效仿，它们必须从自身获得这一切。它们在层出不穷地展现生存形态的同时，在大千世界蔓延，占据和开拓着自己的地盘。

当然，生活中常见的君子兰、吊兰都不是真正的兰花。君子兰是石蒜科植物，而吊兰则是百合科吊兰属植物，它们和真正的兰花一点也不沾边。传统上的兰花俗称国兰，专指兰科兰属植物，特别是墨兰、春兰、建兰等，它们的共同特点就是颜色素雅，气味幽香。

是智慧，就有永恒的魅力，因为它总能穿越时间空间。一如兰花，所有可资称道的植物智慧，正是具备了如此这般可资咀嚼的魅力。

| 赏·品悟 |

人类有智慧？没有人怀疑。动物有智慧？很多人颔首称是。但如果有人说植物也有智慧，而且还有大智慧，就不见得人人认同了。文章以兰花为例，说明植物可不只是简单地活着，为了一代代繁衍下去，它们有自己独特的生存之道，也正是那些"独门秘籍"，让它们走过千古，走过四季冬夏，始终占据着地球上非常重要的一席之地。

杳杳寒山道

[唐] 寒山①

杳杳寒山②道，落落冷涧滨。

啾啾常有鸟，寂寂更无人。

淅淅风吹面，纷纷雪积身。

朝朝不见日，岁岁不知春。

【注释】①寒山，生卒年不详，唐贞观时代的诗僧。长期住在天台山寒岩，诗就写刻在山石竹木之上。②杳杳：幽暗状。寒山：始丰县（今浙江天台县西）天台山有寒暗二岩，寒山即寒岩，乃诗人所居。

诵·品析

这是一首写景诗。诗人通过描写寒岩附近高山深壑的景色，表达了超然物外的淡然心情。在写法上，本诗最大的特色是运用大量的叠字："杳杳"具有幽暗的色彩感；"落落"具有空旷的空间感；"啾啾"言有声；"寂寂"言无声；"淅淅"写风的动态感；"纷纷"写雪的飞舞状；"朝朝""岁岁"虽同指时间，又有长短的区别。八组叠词，各具情状，紧扣"寒山"之"寒"，渲染了氛围，定下了幽冷寂寥的基调，烘托了情感，同时又增强了诗的音乐美。借助于音节的复沓，使人读起来感到和谐连贯，把本来分散的山、水、风、雪、境、情，组织成一个整体，回环往复，连绵不断。

遇烦恼只需拈花一笑

文 _ 马德 主题词 _ 烦恼 笑对

一个人的强大，其实就是从烦恼中拔腿的能力。

烦恼不是一种折磨，仅仅是一种打扰。

打扰是由生活延及心灵，而折磨是由心灵延及命运。

与深沉的命运相比，烦恼不过是陌上的风沙，一股子一股子地刮来，有时会迷了眼，有时会乱了心，但都是一些琐碎的疼，不合时宜的乱，以及挥之难去的扰。

也像是轰隆隆的闷雷。雷声未必吓人，只是，心的小小世界里，一阵雨骤风狂过后，满地泥淖，唯此，最叫人难以招架。

连烦恼都扛不住的人，一定是没有经过命运历练的人。命运在劫难中转折，也在劫难中跌宕生姿。一个经历了命运大起大落大荣大辱的人，若依然能从容看世界，这样的人，遇烦恼只会拈花一笑。

因为烦恼实在算不上劫难。一个人，若是扛不住烦恼，才更像是人生的一场劫难。

在生命的旅途上，烦恼不过是一个个过客。过客的意思是，你可遇见千人，狰狞也好，凶恶也罢，它侵入你，却不占有你，只影响你的心情指数，却不左右你的人生轨迹。也许，它会让你迷惘一阵子，纠结一阵子，甚至恶心一阵子，然后，化风，化水，化烟云，四散了去。最终，过尽千帆，沧海无痕。

人活一辈子，谁都会遇上烦恼。佛普度众生，佛也有自己的烦恼。一个人的强大，其实就是从烦恼中拔腿的能力。跟烦恼缠斗一辈子，最终发现，你卓然挺立的

如果说，快乐是一盏灯，那么烦恼则是这盏灯的灯油；如果说，快乐是一棵树，那么烦恼则是这棵树的叶子与枝条；如果说……快乐和烦恼总是相依相伴，伴我们一起走过生活。乐观豁达的人，总能把烦恼的日子过得快乐，把平凡的日子变得富有情趣。智慧的你，该怎样对待生活中的烦恼和快乐？

地方，恰恰是烦恼地，而不是温柔乡。

所以，烦恼来的时候，不要怨，也无须烦。它扰乱你，也成全你。烦恼更像是每个人的影子，有时候了然全无，是因为心沐浴在了阳光里；而有时候痛苦，也只是因为你的影子叠合在了他人的影子里，剥离不出来。

了断一段烦恼，可快刀斩乱麻，却也难免如抽刀断水。烦恼绵延，有时是它难缠，有时是你不放；有时是少一点了的智慧，有时是缺一些断的机缘。

距离，可以了结最难缠的烦恼。因为，再坚硬的烦恼，也有熬不过的时光。当一个烦恼的人，稀里糊涂地轻松和逍遥了，一定是时光暗度陈仓，帮助了他。

当然了，空间上的距离也最是奇妙。隔着远远的距离看烦恼，烦恼什么都不是。有时候，看似烦恼纠缠着我们不离不弃，实则是我们缠着烦恼没完没了。当我们远离了烦恼，不是烦恼没了，而是心的空间一下子变大了，盛下了更多美好的东西。

此时愉悦，是因为终于遇到了从前的自己。

每一片烦恼的影子里，都会站着一个他人。追根溯源，你烦的是这个人，恼的是与之有关的事。最顽固的烦恼是，后来，这个人也遁去了，没了踪影，还要跟自己过不去，缠斗个不休。这样的烦恼最是无药可治。

这时候，不妨分解出另一个自己来，嘲笑一番，辱骂一番，与心生魔障的这个自己决裂。有些烦恼，需要我们痛快淋漓地决斗一次，完败另一个自己。

有烦恼，说明生活想欺负你了。或许，它是怕你被没有波澜的日子宠坏吧。其实，有时候，不妨就任它来欺负一番。

又能怎样？

| 赏·品悟 |

烦恼，谁没有遇到过呢？正如挫折一样，化解烦恼也是我们成长的必修课。也许正因为有烦恼，我们才可以看到不一样的风景，收获不一样的体会。因此，烦恼是生活怕你被没有波澜的日子宠坏而故意欺负你的。作者以睿智的禅理劝世，娓娓道来却字字珠玑，字字熨帖人的心灵，如和风拂面，如酒酿沁入心灵，让我们在摆脱烦恼的同时，扬起了自信的笑脸。

快乐地过好每一天

文 _ 钱琦　主题词 _ 快乐　修养

快乐每一天，要有"放下"的勇气、"放下"的智慧。

快乐每一天，先得学会辩证地看人生的苦与乐。人活在世界上，活一生，不知要经历多少困难、压力、艰险、挫折、磨难和不幸，真正实现人生目标、享受成功的快乐者没有几个。话说回来，即使少数人能小获成功，老了，人家也不会再像捧凤凰那样捧着你，于是就有了烦恼和失落。

辩证地看苦乐，能解开你心头的困惑。生活中，不如意事常十之八九，辩证地看，不如意事多有如意的成分在。开朗一些，豁达一些，不计较那些曾有过的得得失失，不纠缠身边那些鸡毛蒜皮的小事，就能冲淡那些无名的烦恼，放逐那些人为的忧虑。人生最大的智慧是创造快乐的智慧。北宋大文学家苏东坡，一生命乖运蹇，多次遭贬被谪，但他恪守自己的人生信条，保持着内心的尊严，以达观的态度对待人生。一次，一位朋友向他讨教养生之道，他说："吾闻战国时有一方，吾服之有效，故以奉传。"什么方子呢？"其药四味而已：一曰无事以当贵，二曰早寝以当富，三曰安步以当车，四曰晚食以当肉。"身处逆境而不见悲观之态，从中可窥见一种以博大胸襟面对穷达苦乐、世间纷扰的人生智慧。

古今中外一些圣贤都主张过一种简朴的生活，朴素的生活简单而轻松，充满着快乐！这让我想到曾经一位友人给我讲过的故事：一个富翁来到美丽的希腊雅典旅游，金色的阳光下，他看到一位老人在海边钓鱼，海水中许多鱼儿簇拥着，可那位老人只钓了两条就要离开。富翁不解地问道："为什么不多钓些呢？"老人说："两条够吃了，钓那么多干什么呢？"富翁说："你可以卖呀！"老人说："为何要卖呢？"富翁说："卖掉后你就可以有钱了。"老人说："有钱又怎样呢？"富翁说："有钱了就可以像我这样到处去旅游，可以在海边晒太阳呀！"老人笑着说："我不用那么做，同样在海边享受着阳光的沐浴！"听了这个故事，我想了很多，金钱和快乐并不是成正比的，快乐是源于内心的一种愉悦，快乐是不会被物欲所奴役的，快乐是保持精神上的一种自由！

境由心生，快乐的心境是自己创造出来的。朗月清风不用钱买，别人有别人的快乐，你有你的快乐，一万个人有一万个"什么是快乐"的答案。有些人，你问他对生活的满意度，常常是牢骚多于满意。一个杯子装了半杯水，更多的人只看到没水的半个空杯子，可见快乐是一种稀缺或很难得的奢侈。宋祖英有一首歌唱道：每天都是好日子。我看更要紧的是：每天都有个好心情。没有好心情，难有对好日子的享受；有了好心情，你每天的日子都会充满阳光，充满生机和活力。

能快乐地过好每一天，也是一种修养。对物欲看轻点，对名利看淡点，对纷争看开点。梁漱溟先生论养生之道，说："情贵真，气贵和。唯真唯和，乃得其养，苟得其养，无物不长。"他活到96岁的高龄，始终保持一种恬淡无我的心境。生活中，常看到一些人，特别是那些曾当过领导的人，退下后没有了原来那种专车接送的风光、前呼后拥的威严、众星捧月的恭维，于是变得无精打采、心事重重，仿佛世界一下子变得黯然无光。负担太重，自然难有快乐的心态。快乐每一天，要有"放下"的勇气、"放下"的智慧。

有一句话说得很好：快乐是一天，不快乐也是一天，何不快快乐乐过日子呢？我们何必一定要自己找悲愁呢？就让笑意荡漾在我们的脸上，快乐驻足在我们心里，快乐地过好每一天吧！

| 赏·品悟

俗话说，快乐是一天，不快乐也是一天，与其不快乐过一天，不如快快乐乐过好每一天。人生若梦，只有短短数十载，不开心一天，快乐就会少一天，聪明的你，当然不会抛弃快乐，选择不快乐。文章既为我们提供了大量的论据，如苏东坡、渔夫和梁漱溟，说明快乐的必要性和重要性，又探究了怎样做才能快乐地过好每一天，丰富的材料，睿智的说理，很能启迪我们的心灵，让我们心起涟漪，嘴角上扬。

暮过山村

[唐] 贾岛

数里闻寒水，山家少四邻。

怪禽啼旷野，落日恐行人。

初月未终夕，边烽不过秦。

萧条桑柘处，烟火渐相亲。

| 诵·品析 |

　　这是一首羁旅诗。全诗采用移步换景的手法，描写了诗人经过萧疏荒凉的山区旷野，终于隐隐约约地看到山村人家宅边常种的桑柘树和茅舍上升起的袅袅轻烟，内心不禁感到无比的温暖与亲切，先前的惊惧心情渐渐平静下来，转而产生一种欢欣喜悦的感情。作品由"寒水"开始，以"烟火"告终，中间历叙旷野中的怪禽、落日、初月、边烽，给人的感受是由寒而暖，从惶恐而至欣慰，行文波澜起伏，风格幽奇寒僻，集中体现了贾岛的写作风格。

迷路的时候不要着急

文_周语　主题词_迷失　境界

迷路的时候不要着急，心浮的时候让心安定下来，你就会感觉天地开阔很多。

日本历史上有一位非常有名的禅师叫道元禅师。道元禅师是日本曹洞宗的开创者，是日本村上天皇第九代后裔，九岁时就能解读《俱舍论》，当时人们都认为这很神奇。当时的将军请他去镰仓讲法，年轻的道元就以他的口才和禅法征服了许多人。

道元禅师向大众说法，认为专注一心、只管打坐便是禅修的根本所在。有的人对他的做法表示疑惑，说他根本不懂禅法，只是一个粗鲁的门外汉。于是便有轻慢的学僧找到道元要跟他辩论如何才是修禅。

于是道元禅师给学僧讲了一个故事：一个将军去打猎，有一天在山里遇到暴雨，找不到回去的路，于是便焦急地在山里到处奔走，心里充满了恐惧，生怕自己会被这暴风雨卷到山崖里去。他急于找到一条出路，在黑暗的山谷里到处奔突，最后不慎掉下了悬崖。

将军在掉下悬崖之后，天亮的时候，才被前来的士兵找到，那个时候将军几乎已经奄奄一息。而事实上暴雨并没有下太久，天也快亮了，将军完全不必急于下山，只需要在原地附近的山洞里稍稍避雨，待天亮的时候再下山就安全了。但是将军驰骋沙场，性情急躁，耐不住内心的暴躁，着急回到山下的军营，心火怒烧，便迷失了方向。本来路就在眼前，他却在慌张中走到了悬崖那个方向。

智慧箴言，佛家禅理，总是那么亲近贴切、简洁精辟。轻轻诵读翰墨馨香的文字，总能于其中悟出深刻的人生哲理、便利的处事真谛。活在当下，讯息万变，物欲横流，没有一颗平淡的心，是很容易迷失在灯红酒绿之中的。走得太快，灵魂跟不上，等一等滞后的灵魂，当转身时，你会发现，灵魂和鲜活一起扑面而来。

道元禅师于是问学僧："你觉得将军为什么会迷路？"

学僧看着道元禅师，说："因为将军心性急躁，心气浮动不可安置，所以才分辨不清道路，以致失足掉下山崖。"

道元禅师问："如何才是安心？"

学僧仿佛有所悟，便说："身心脱落，安住自心。"

道元禅师说："将军之所以迷路坠崖，根本便在于此，这是一样的道理。"

学僧这时才明白道元禅师讲这个故事的原因，原来我们都是那个迷路的人，眼前的黑暗和暴雨让我们心浮气躁，不能安心地考虑事情，分不清楚形势，以致仓促之中迷失了自己，酿成了悲剧。

当我们觉得自己迷路的时候，尤其是在沙漠中，千万不要到处乱走，我们需要的是让自己停下来，休息一下，让心安定下来，慢慢地辨明方向，这才是最佳的办法。

迷路的时候不要着急，心浮的时候让心安定下来，你就会感觉天地开阔很多。道元禅师的禅法如此简单明了，但却为我们指出了正确的路。而道元禅师作为日本历史上有名的禅师，他的禅法并不是那样驳杂，而是简简单单，本本分分。这大概就是参禅、做人的大境界吧。

| 赏·品悟 |

当下的社会有众多的纷扰，众多的诱惑，人，不可避免地会迷失自己。然而智者却能修好自己的那颗心，以澄澈的心灵，豁达的心胸从容面对生活，这不能不引起我们的深思。本文以道元禅师讲法的故事，说明如何应对人生路上的迷失，恬淡的文字，不曾刻意问佛语，不曾刻意寻佛意，娓娓道来渗透着的却是智慧、是财富，不须多也无须执着，随意翻阅，便可安静你的心灵。

等

文 _ 宋庆发   主题词 _ 等待 境界

等一等，一个人的寂寞便可开出花来。

等，取"等待"之义。它既不主动求证，又不拒绝演绎；既让过往莫名挠头，又在现实面前坦然露脸；既辐射自然和生命的日光，又聚焦道德和爱的月色。等，是诗一般的恣肆凝聚，哲学一样的理性铺陈。

等是一种态度。春花等料峭过后的开放，秋叶等西风紧束之余的飘零，等的是一份自然而然；等米下锅，等菜上桌，等的是一份丰稔期许；等而下之，等闲视之，等的是一份逍遥自在。等量齐观，心存一颗佛心；等因奉此，秉承一业操守。等，其实就是一种和中的积极态度，一种对世界对人生的本源看法和清正做派。

等是一种智慧。姜尚直钩无饵垂钓渭水，等来了明慧天子周文王礼贤下士的相遇；卓文君诗心悱恻坚守空房，等回了浪子司马相如最初的爱恋。这何尝不是一种充分自信、甘于隐忍的智慧？

等是一种境界。苏武持节牧羊北海十九年，须发皆白，只等归汉，心纯如雪；谭嗣同坐等杀头，慷慨悲歌"我自横刀向天笑，去留肝胆两昆仑"，以酬圣主、民心与变法；金岳霖情笃林徽因，不因其嫁作梁妇而词语忸怩，不因其声名鹊起而逻辑狷介，不因其早逝而改弦易辙，一等就是终身不娶。此心，此志，此情，天地为证，日月可鉴。

当今社会，物欲横行；当今时代，瞬息万变。但总有云卷云舒间的宠辱偕忘让人去等候，总有花开花落时的去留无意让人去期待。西方谚语道："走得太快，灵魂跟不上，我要停下来，等一等灵魂。"灵魂不开口，就让我们一起"等一等"吧！

等洪荒的旷远诡秘，等原野的缤纷，等文学燃起的希望，等自然唱起的规律，等万物亮出的生命底色。等一等，两个人的爱情便可湿润江南；等一等，一个人的寂寞便可开出花来；等一等，爱默生的自然世界便会呈现："每个人都会成为诗人，爱将成为主宰，美将处处流露，人与自然将和谐相处。"

大仲马说过："人类的一切智慧是包含在这四个字里面的：'等待'和'希望'。"巴尔扎克也曾说过："善于等待的人一切都会及时来到。"人生长路，境遇种种，少不了成功的欢乐、失败的泪水，也必然少不了连接失败与成功的漫长等待。既然等待无法避免，就让我们学会等待。

文章阐释"等"的内涵，说明等是一种态度；等是一种智慧；等是一种境界。主体部分并列式的结构构思，让文章条理清楚，层次分明。当今时代，虽物欲横流，但"等"依然是智者的处世法宝。学会了等待，奇迹总有一天会在寂寞中开出花来。

落 花①

[唐] 李商隐

高阁客竟去，小园花乱飞。

参差②连曲陌，迢递③送斜晖。

肠断未忍扫，眼穿仍欲归。

芳心④向春尽，所得是沾衣。

【注释】①这首诗作于会昌六年（846）闲居永乐期间。②参差：指花影的迷离，承上句乱飞意。③迢递（tiáo dì）：高远貌。此处指落花飞舞之高远者。④芳心：指花，也指自己看花的心意。

诵·品析

　　这是一首咏物诗。诗歌借物喻人，以落花隐喻自己的现实处境，表达出不见用于世的凄婉和感慨。诗歌首联写落花与人的心情，颔联从不同角度描写落花乱飞的具体情状，颈联直接抒发情感，巴望花不再落而不能，尾联写花为装点春天而开，却落得飘零沾衣的结局。这正如诗人素怀壮志，但却报效无门，最后只有悲苦失望，泪落沾衣而已。全诗在伤春惜花的自然之境中流露心迹，言近及远，委婉含蓄，伤感断肠。

智慧如水

文 _ 罗宗毅　主题词 _ 止水　清明

水静极则形象明，心静极则智慧生。

止水清明——明与鉴的智慧。水静极则形象明，心静极则智慧生。如果说流动的江河彰显水在运动变化方面的智慧，那么宁静的湖泊则深含水之清明照鉴的品格。在群山怀抱之中，湖水以大自然惯有的姿态宁静地躺着，湖面水清见底，像明净的镜面，高空的白云和四周的山峦清晰地倒影在水中，把湖水天影融为晶莹的一体，它的质地、它的美，像是能渗透到你的心里。刘禹锡在《望洞庭》中写道："湖光秋月两相和，潭面无风镜未磨。遥望洞庭山水翠，白银盘里一青螺。"湖光不言，而秋月自照，光影相随，宛若心有灵犀。

自然带给我们的不仅是生活的诗意，更是对生命智慧的真切体悟。止水之所以能照物，是因为它能知止而定，因定而安，因安而静，因静而清，因清而明。

水止而后能定。水流至低洼处若不再前行则汇聚成湖，暂时停下它匆匆的脚步而安歇。安定下来的水，沉淀下一路的浮华喧嚣，外无水波，内显清澈，呈现出一种宁静自然之美。若无风吹皱起，则水平如镜，映物不变其形，照人不失其真。人心如一汪湖水，心定则神凝，心注一境而不散乱，才能让躁动不宁的生命意志归于平静而体悟真理，进而能由定发慧，利至而必知，害至而必察。

水定而后能静。平坦宁静的水，面对外界种种诱惑而不泛起一丝涟漪，能够凝神专注，心无旁骛。人心也

水，是生命的源泉，也是智慧的源泉。水很平凡，处处可见，平凡到我们视而不见；水又很伟大，伟大到我们一时一刻也离不开它。水是人类的老师，水的本性包含着人生智慧和生活哲理，在水的流动和静止的不同形态之中可以领悟生命哲学的深奥和久远。

如是，内心平静，不为外界的环境所扰，此时思维最清晰。一份平静的心态，可以让人看淡得失，看透事态的发展，拿得起放得下。在平静之中，种种繁杂的念头消歇，内心逐渐清淳，烦恼不起，清静自如，便能达到真正的觉悟。拥有一颗宁静的心，思想的触角才能伸向远方。

水静而后能清。浊水只有静下来，才会慢慢地清澈，成为镜鉴。倘若混浊，则既不能自照，也不能映物鉴人。清澈透明的水，能映照世界的真相，看出什么是纯洁，什么是污浊；空明如镜的心灵，能辨别什么是善，什么是恶，什么是美，什么是丑⋯⋯而荡起涟漪浑浊的水和受到世俗杂念污染的心，是缺乏洞察力的。

水清而后能明。没有一丝纤尘的湖水才能明察秋毫，人心清正了才能洞察事理。在做判断之前，应该消除内心的成见。人在认识、判断、裁夺事物时，之所以不能实事求是、不偏不倚、合情合理地处理问题，往往都是因为有个人的利害关系掺杂其中，心有私欲邪念的缘故。相反，心境清明者，不求虚名，不图财货，无欲则刚，则可秉公处事，不为物欲的诱惑而生损人之意，不为虚名之光晕而损己之德。

车尔尼雪夫斯基写过这么一段话："水，由于它的灿烂透明，它的淡青色的光辉而令人迷恋。水把周围的一切如画地反映出来，把这一切委曲地摇曳着，我们看到的水是第一流的写生家。"面对平静的湖，不仅让我们充满幻想，也让我们生出种种感悟：人类的心灵像水面和镜面，原本是平静而明亮的，而杂念就像是风和尘土，破坏了平静和明亮。无欲自然心似水。只有排除一切杂念，回归生命的纯粹与原初，人才会变得心清意净，充满智慧。如果我们每个人都能用水一样澄澈的心来面对纷繁的世界，也许世界会变得如同水一样晶莹、灵动、透明。

| 赏·品悟 |

正如作者所言，自然带给我们的不仅是生活的诗意，更是对生命智慧的真切体悟。水静了，也就透明了；水静了，也才能映照出周围的一切，因而人们喜欢用"心若止水"来形容一个人的定力，形容一个人的心灵澄澈。本文从止水清明的角度阐述水带给人明与鉴的智慧体悟，由静水的自然现象联想到人的品质，由物及人，想象合理，精辟透彻，具有极强的说服力和感染力。

静水流深

文_耿艳菊　主题词_修为　禅理

静水，不过是本然、自由的生命常态，存活于自然中。简以养德，静以修身。

静，最易也最难。而静下来的，往往最震慑人心。

那年秋天，刚入大学不久的我们，听说黄河距学校很近，年轻的心忍不住欢呼雀跃。黄河，在诗文、故事传说里，有太多的身影。惊涛拍岸、汹涌澎湃、气势磅礴，这是我们对它的一贯定义。

不到黄河心不死。一个晴朗的周日上午，我们班四五十人，一个个激情高涨、心怀激荡，徒步踏上了去黄河的路。一路打探，弯弯绕绕，九曲十八弯。终于，在夕阳西下时到达。

落日残照下的水面安详静谧，辽阔无边。绝然不是想象中的水势滚滚、惊涛狂澜，只是悠悠的、旁若无人的、安闲的、甚至带点孤单气息的静！宽大的水面上点缀着几只小船，岸边一位银发老人立在余晖里凝视远方，安然慈悲。

我们都被这突如其来的静阔惊住了，目瞪口呆。纷纷拍照合影，似乎要把这无边的静抓进来，留作岁月的底色。

几年后，在一本书里，与"静水流深"四字相逢，恍然间，竟有一种"与君初相识，犹如故人归"的喜悦。我蓦然想到了当年那一片黄河水，幽静的表象下，却隐藏着"黄河之水天上来，奔流到海不复回"的深远壮阔。

作家赵万里说：静，就是生命的圆满；水，就是生命的本源；流，就是生命的体现；深，就是生命的蕴藉。渐渐地，我喜欢上了"静水流深"这种生命的意味。

在电视上看到林清玄，慈眉善目，平静安然，感觉有一种隐隐的仙气。从他的文章里，我略知他年轻时的经历。他曾经忙于浮世里的各种热闹，开不完的会、永远的觥筹交错。生活热闹得似起风的海，浪花飞溅。然而就在他事业走到最高峰、生命最喧闹时，他毅然地转了身，到深山里的一座禅院清修。两年多的时间里，从未下山，隔离了万丈红尘。晨钟暮鼓，在一册册经卷里沉潜。生命是一泓秋日的静水，深不见底。

把生命养成一泓幽深静水的，还有"隐世才女"白落梅。她低调淡然，从不出席签名售书活动，很少接受采访，清静自在地活在江南的水土里。百度搜索，也只有寥落的两句：白落梅，原名胥智慧。栖居江南，简单自持。心似兰草，文字清淡。她总是拿她的文字说话，在最素简的生活里编织出最深情的文字。有读者这样盛赞她的文章：落梅风骨，秋水文章。

静水，不过是本然、自由的生命常态，存活于自然中。简以养德，静以修身。于我们凡夫俗子来说，那是一种心灵上的修为，一种美好的生活态度。静了，便如水一样自然地流向深处。

而静又如同成功，不是随随便便可以做到的。

| 赏·品悟 |

静水，象征着低调为人，平静处事，锋芒不露，大智若愚；流深，则意味着胸有沟壑，底蕴深重，博大精深，内涵丰富。在生活中，只有将两者结合起来，相得益彰，才能成就一种洞彻人生的大智慧。文章由对黄河观览的感受入笔，引出对静水流深的理解和体悟，然后以林清玄、白落梅两人低调淡然的性格说明人只有"静了，便如水一样自然地流向深处"，比喻说理，层层推进，极具启发和感染力。

北斋雨后

[宋] 文同①

小庭幽圃绝清佳，爱此常教放吏衙②。

雨后双禽来占竹，深秋一蝶下寻花。

唤人扫壁开吴画，留客临轩试越茶。

野兴渐多公事少，宛如当日在山家。

【注释】①文同（1018—1079），字与可，自号笑笑先生，人称石室先生，梓州永泰（今四川盐亭东）人。②放吏衙：免去吏卒定时参见知府的惯例。

| 诵·品析 |

　　这是一首写景诗。诗人通过对北斋雨后的幽雅景色的描绘，表现了对闲适生活的由衷喜爱和赞叹，也有对回归山居生活的向往和怀念之情。作品首联总写环境，统领全篇，颔联写室外的鸟雀、蝴蝶，颈联写高雅情趣，尾联写美妙的感受，将景、情、事三方面巧妙结合，写景幽雅清新，叙事运用细节，抒情含蓄委婉，历来脍炙人口。

昂首与低头的智慧

文 _ 胡安运　主题词 _ 心态　姿态

昂首与低头之间，抒写的是精神，显示的是心态，为人做事，掌握了二者的尺度，也就掌握了一把人生的金钥匙。

人处世间，总免不了两种行动姿态：昂首与低头。

昂首，给自己希望；低头，让自己思考；昂首，是向上的激情；低头，则是谦卑的风度；昂首，看远方的天空，寥廓、明朗，心中升起一轮燃烧的太阳；低头，看脚下的大地，沉重、深厚，精神的大树有无数的根须在心底延伸。

为人处世，首先要学会昂首。

"仰天大笑出门去"，昂首，彰显的是人生的自信，抒写的是生命的豪迈。也许你身无分文，但也不妨心忧天下；也许你身处陋室，但同样可以激扬文字；让眼睛漫步山外，闲观满山花开花落；让灵魂飞离俗尘，心游万仞，笑对天外云卷云舒。

在思想上的昂首，就是精神上的独立，就是心灵上的自由，就是人格上的尊严。自古就有"宁可站着死，不愿跪着生"的箴言，就有"不为五斗米折腰"的佳话，就有"安能摧眉折腰事权贵"的豪言。严峻的生活，有时就需要挺胸昂首，就需要"横眉冷对"，就需要不屈不挠。横刀向天，这是改革家的豪迈；一蓑烟雨，这是思想家的洒脱；荐血轩辕，这是革命家的奉献；堂堂正正，这是平民百姓的理想。

世界有风雨，人生有坎坷，昂首，就是无论何时你都要给自己一个希望，经受风雨才能看见彩虹，踏过坎

昂首、低头、行走，是人每天都在做的事，再平凡不过，然而细细品味，这其中却又包含着人生的智慧和生命的哲理，处理好这些，懂得如何去做，才算掌握了人生的大智慧、大学问！抬头看远，低头看路，遇到阻挡记住拐弯，人生之路才会时时顺畅，处处通达，走在生命的道路上，才不会被困难和挫折绊倒在脚下。

坷才能迎接成功。你需要把痛苦的种子埋在心底，昂首向前幸福地活着。海伦·凯勒、郑丽华、史铁生……他们的名字已经幻化成神圣的星辰，永远在你我的心底闪亮。须知，任何坎坷和磨难都是上天对一个生命和心灵的考验。所以，我们都应当以坚定不移的信心和毅力，战胜自我，超越自我，感动自我，从而感动别人，让满世界的风雨，把自己磨炼成一棵执着昂首的向日葵，一棵"千磨万击还坚劲"的泰山松。

昂首，保持向上的激情，从今天做起，挖掘潜力，奋力开拓，相信丑小鸭也能变成白天鹅。昂首前行，相信自己，不推诿，不逃避，不懈怠，不轻言放弃，坚持到最后，你才有资格迈进成功的大门。

然而，在你昂首向上的同时，也要学会，适时保持生命的另一种姿态：低头。

在印度，据说凡是报考孟买佛学院的学生，进校的第一堂课就是由该校教授把他们领到学院正门一侧的一个小门旁，让他们每人进出小门一次。这个门只有1.5米高，0.4米宽，一个成年人要想过去，必须弯腰低头，不然，就只能碰壁撞头了。进出过这个小门的人几乎无一例外地承认，正是这个独特的行为，使他们顿悟，让他们受益终身。在人生的道路上，常有需要我们弯腰低头才可以过去的小门。

富兰克林被称为美国之父。在谈起成功之道时，他说这一切源于一次拜访。在他年轻的时候，一位老前辈请他到一座低矮的小茅屋中见面。富兰克林来了，他挺起胸膛，大步流星，一进门，"砰"的一声，额头重重地撞在门框上，顿时肿了起来，疼得他哭笑不得。老前辈看到他这副样子，笑了笑说："很疼吧？你知道吗？这是你今天最大的收获。一个人要想洞察世事，练达人情，就必须时刻记住低头。"

富兰克林把这次拜访当成一次悟道，他牢牢记住了老前辈的教导，把谦虚列为他一生的生活准则。

虚心竹有低头叶，傲骨梅无仰面花。是的，谦卑处世同样是一种人生的智慧。在人生道路上，不可能处处是康庄大道、阳光明媚，肯定有很多泥泞和阴霾，会遭遇挫折和困难。面对人生路上的种种小门，横冲直撞只会落得头破血流。这时你不妨弯个腰，侧个身，低个头，说不定，一个华丽的转身，前面就是"柳暗花明"的美好境界。低头，正是为了积蓄爆发的力量，正是为了那光辉灿烂的一跃。

低头，就是大智若愚的养晦之术；低头，就是修炼自己的黄金法则；低头，就是为人处世的平和心态；低头，就是容纳世界的宽广胸怀。当你高调做事的时候，不妨低调做人；当你昂首前进的时候，何妨低头看路；当你登上事业的峰巅，不要忘记低头看清身后的大地。

低头，不是愚昧和懦弱，不是无能和低下，它其实是"大智若愚"的心智修炼。

无数事实证明，该低头时则低头，才有你我双赢的硕果；有彼此弯腰低头的退让，才有"六尺巷"的佳话。相逢一笑泯恩仇，是君子的大度；低头待人留余地，应该是我们的修为。

记住，你不是太阳，你不是超人，谁也没有三头六臂，人生于世都离不开别人的关心与帮助，只有懂得低头让步，才能赢得对手的同情与资助，才能让你的理想生长飞翔的翅膀。

郑板桥的"难得糊涂"，就是他善于低头的策略；林则徐的"无欲则刚"，实为其俯身低头的自我磨砺。有为示无为，方能真有为；聪明示糊涂，实乃绝顶聪明。切不可在人生的紧要关头，聪明反被聪明误，以至于弄巧成拙声名狼藉。古人云，吃亏是福，其实，主动吃亏也是一种做人的风度。

所以说，昂首与低头，是人生金币的两面，是人生大树的两枚闪光的金果。昂首与低头之间，抒写的是精神，显示的是心态，为人做事，掌握了二者的尺度，也就掌握了一把人生的金钥匙。

| 赏·品悟 |

昂首与低头，是再平常不过的动作行为，然而一扬一俯中，展现的是人的一种心态、一种精神：昂首是自信，低头是谦逊。昂首和低头，都是人生不可缺少的美德。文章借人的普通动作和姿态说理，形象生动，更容易打动读者，引起思考。另外，文中列举大量的经典范例，说明昂首与低头对品格养成的重要性，既丰富了文章的内容，增强了说服力，又增强了作品的可读性和感染力。

学会"拐弯"

文＿深蓝　主题词＿拐弯　心态

学会"拐弯"，不仅需要面对困难的好心态，更需要化解困难的大智慧。

　　我国杰出的语言文字学家、"汉语拼音之父"周有光，105 岁了，除了耳朵需要戴助听器外，思维敏捷，笔耕不止，每月都有文章发表在国内外的报刊上。央视采访他的长寿秘诀时，周老说："凡事要想得开，要有一个好心态。"主持人开玩笑地说："要是我还是想不开呢？"周老跟着说："拐个弯，不就想开了嘛！拐个弯，坏事就是好事。"周老的"拐弯"说，是他百岁养生经验的概括和百年人生的智慧，也是对人们的忠告。

　　历史像一辆在弯弯曲曲的路上行进的车子，每个人都是坐在车上的乘客。车子拐弯了，不随着车子拐弯的人，就有掉下去的危险。斯大林对此说得更形象："每当历史的车子在转弯时，总会有人从车子上掉下来。"原因就是这些人没有适应车子的转弯而主动转弯。爱因斯坦说："人的最高本领是能够主动适应客观条件。"适应，用通俗的话说，就是会"拐弯"。由此可见，"拐弯"在人生的字典里是个关键词，由于每个人对这个词理解、掌握和运用的水平不同，就造成了千差万别的人生，演绎出五彩缤纷的世界。所以，人只有主动顺应历史潮流，主动适应客观条件"拐弯"，才能更好地生存和发展。

　　俗话说，人生在世行路难，行不通时拐个弯。这个"拐弯"，不是放弃，不是退出，而是在迂回中窥测前进的方向，在困难中发现有利的因素，在审时度势后做出理智的选择。"文革"时北大著名教授季羡林被勒令守楼和听电话。一般人会觉得这是无法忍受的屈辱，可季老认为这是难得的好时光，便利用这 3 年"好时光"，翻译了 280 万字的印度史诗《罗摩衍那》，为中国翻译史和中印文化交流树起了一座丰碑。

　　有人用字母"V"来形容"拐弯"：左边的一半代表向下，右边的一半代表向上；左边是向下的趋势，但到底部终止了，转为向上。这是形退实进，是消极状态向积极状态的转折。做一件事有时也是如此，本来以为走到了失败的境地，换一种角度去思考，你会突然发现其实正好走向另一成功的途径。伊朗建德黑兰皇宫时，设计者原打算把镜子镶嵌在墙面上的。当镜子从国外运抵工地后却被打破了，他们就大胆创新，将这些碎片镶嵌到墙壁和天花板上。于是，天花板和四壁看上去就像由一颗颗璀璨夺目的"钻石"镶嵌而成，德黑兰皇宫也因此成为世界上最漂亮的马赛克建筑。

也有人把拐弯用字母"W"来表示。这说明人生前进的道路上弯很多，并不是拐一两次弯就能到达人生终点的，而是要经过多次拐弯的锻炼、经历多次挫折的磨炼、经受多次失败的考验的。一些伟人、名人成长的轨迹，就雄辩地证明了他们正是在不停拐弯中才前进的，在不断拐弯中才获得成功的。伟大的革命先驱者孙中山，为了推翻清朝的封建统治，实行"三民主义"，经受多次失败，但矢志不渝，终于取得了辛亥革命的胜利。两院院士王选一生经历了9次选择，也就是9次拐弯，终于成功研制出汉字激光照排系统，引发了我国印刷业"告别铅与火，迈入光与电"的一场技术革命，被誉为"当代毕昇"。

可见，人生天地间，学会"拐弯"是极为要紧的事。学会"拐弯"，不仅需要面对困难的好心态，更需要化解困难的大智慧。

赏·品悟

拐弯，是指沿着曲线或改变方向走。人生天地间，路路九曲弯，从来没有笔直的道路，更多的时候我们需要面临阻力甚至是绝境，此时，正面直冲无疑头破血流，学会迂回或者改变方向，随势拐弯绕过去就能捷足先登，走向成功。文章阐述"以迂为直"的生活道理，或举例，或比喻，旁征博引，论据充分，说理透彻，充盈着智慧的光芒，很能启迪人的心灵。

鹊桥仙·夜闻杜鹃①

[宋]陆游

茅檐人静，蓬窗②灯暗，春晚连江风雨。林莺巢燕总无声，但月夜、常啼杜宇。

催成清泪，惊残孤梦，又拣深枝飞去。故山犹自不堪听，况半世、飘然羁旅。

【注释】①杜鹃：鸟名，又称"杜宇""子规""怨鸟"。传说古蜀国王，名"杜宇"，号"望帝"，禅位于开明之士，隐于西山，死后，其魂化为杜鹃鸟。啼声哀苦，每至血流于喙。②蓬窗：犹蓬户，即编蓬草为窗，谓窗户之简陋。

| 诵·品析 |

这首词是词人在改调成都参议官时所作。词人踌躇满志，志在报国，然而此职却是一闲职，让他大失所望。再加上声声啼鸣的杜鹃，更引起了词人愁苦寂寥之情，因而词人以咏吟杜鹃为意，借物抒怀，抒发自己怀才不遇的失落和对时局的忧虑。词作上片以闻杜鹃起兴，突出杜鹃啼鸣的悲凉和因之勾起的思念乡土之情；下片进一步写听到杜鹃夜啼的内心感受。整首词作者先绘景，渲染气氛，再用对比托出杜鹃夜啼，接着写啼声引发的感受，最后通过联想，抒发人生的感慨，一层深入一层，格调哀怨凄婉，含蓄隽永，令人回味无穷。

地一远，就连到了天

文＿黄小平　主题词＿物理　哲思

地一远，远到天边，就有了天空的高度。

地与天

小时候，望着遥远的地平线，不由好奇地问："爸，那里的地，怎么与天相连呢？"

"孩子，地一远，远到天边，就有了天空的高度。"父亲说。

原来，低矮的大地，是可以通过不断地向远方延伸，延伸到遥远的地平线，去与天相连，与天等高。

那时，我一直神往，沿着大地，不断地向前、向前，行走至遥远的地平线，去与天相连，去拥有天空的高度。

柴与炭

曾在家乡见过用土法烧制木炭。把木柴放进窑里，用火烧，待烧到五六成，把窑封死，让木柴"闷"在窑里，经受火的煎熬。十余日后，打开窑，就能得到烧制好的木炭。

木炭，是烧过的木柴，但木炭燃烧的热度和燃烧的耐久性，都优于木柴，好于木柴。

是火的煎熬，成就了木炭；是那煎熬的痛苦，让木炭好于木柴。

当你正在经受人生之"火"的煎熬，承受人生煎熬的痛苦时，请记住：炭，是烧过的柴。

最远与最近

最近，英国心理学家莫里斯通过研究发现一种奇特的生理现象：人体中越是远离大脑的部位，其传递的信

严春友在《大自然的智慧》一文中说，大自然的智慧无与伦比，无论是令人讨厌的苍蝇蚊子，还是美丽可人的鲜花绿草；无论是高深莫测的星空，还是不值一提的灰尘，都是大自然精巧绝伦的艺术品，展示的是大自然深邃、高超的智慧。解读物性，以自然为师，不仅能丰富我们的生活，更能启迪我们的思维，指导我们的人生。

息，可信度越高。

人体中，脚是离大脑最远的部位，脚的一举一动，往往最能反映一个人的真性情、真想法。这就是为什么人越是在尴尬难堪的时候，越是手足无措。

离得越远的东西，反倒离事物的本真越近。就如一个人离家乡越远的时候，离亲情最近。

果实与果核

很多甘甜的果实，其果核却是苦的。

一颗苦涩的核，为什么能拥有甜美的果肉呢？

直到我读到一位诗人的诗句，才有所启悟。诗人说：每一颗珍珠，都有一粒痛苦的内核。

对珍珠来说，那粒痛苦的内核，就是给它灾难、给它不幸、给它泪水的沙子。但你再看看珍珠的表面，像不像一张灿烂的笑脸？

哦，我明白了，当你用欢笑包容泪水，用快乐包容痛苦，用喜悦包容忧伤，你就能成为一颗光彩夺目的珍珠，成为一枚甘甜美丽的果实。

一天与一生

一只羊身上，有多少个细胞呢？亿万个！无数个！

从一只羊身上取走一个细胞，通过克隆技术，这一个细胞就能培育出一只完全相同的羊。克隆技术告诉我们，一只羊可以缩小到一个细胞，一个细胞可以放大到一只羊，从某种程度上来说，一个细胞可以代表一只羊，可以等于一只羊。

一个人的一生，有多少天呢？有一只羊身上的细胞那么多吗？远远没有，仅三万天左右而已。

按照克隆原理，一个人的一生可以缩小到一天，一天可以放大到一生。一个人怎样度过一天，就会怎样度过一生。所以，看一个人的一天，就能看到一个人的一生。

好人与坏人

记得小时候看电影，总是不停地问父母，电影中的这个人物是好人还是坏人，那个人物是坏人还是好人，非要分辨个清清楚楚、明明白白。

长大后，方才知道，看一个人，不能非黑即白，因为人不只有好人和坏人，况且，一个坏人，也有"好"的成分、"好"的时候，同样，一个好人，也有"坏"的成分、"坏"的时候。

长大后，方才懂得，对人，不是爱憎分明，而是包容包涵。

大花与小花

小李刚参加工作时，上司安排他做的都是一些小事。小李觉得挺委屈。

上司看破了小李的心事，便找他谈心："花中，有大花，也有小花，那些美丽的花，都是大花吗？"

"只要有心开花，无论大花还是小花，都是美的。"小李说。

"人们赞美花，赞美的，都是那些大花吗？"

"只要花美，无论大花还是小花，都会得到人们的赞美。"

"一个人如果用心做小事，为什么不能把小事做漂亮呢？把小事做漂亮了，为什么不能得到人们的赞美呢？"上司说。

| 赏·品悟 |

"一滴水能够映现出整个太阳"不过是一句普通的格言，然而细细品味，生活中无数的事物都包含着深刻的道理。虽然它们无声无息，但这也正是它们聪慧之处，因为不同的视角，会让你得到不同的智慧解读。文章选取生活中相关事物的物理变化，如天与地、远与近、大与小、好与坏、多与少等等，揭示物理对人生的启迪，想象奇特，思维睿智，意蕴丰富，彰显的是理性的光芒。

一片苔藓的启示

文_张保振 主题词_启示 自然

人改造着自然，也改造着自己。

大自然的"作品"从来都是神奇的。

走进黑龙江五大连池世界地质公园，只见波涌浪翻的火山岩，在阳光的照射下，乌黑发亮。更神奇的是，有的火山岩上居然还长着绿油油、毛茸茸的苔藓。导游说，这是火山岩的"新衣"，只有在空气十分清洁的地方才能生长。还说，这里的苔藓是不能移走的。有的游客见这儿的苔藓好，就偷偷挖一片拿到自己家里养。结果没有一片成活的。这儿的苔藓也有叶退绿、茎干枯的。导游说，这不是死亡，而是对干旱的"抗议"，一旦见水，就一切如故了。说着，导游从自己的兜里拿出喝剩下的半瓶矿泉水倒在了一块干枯的苔藓身上，不到一分钟的光景，这干枯的苔藓就像着了魔似的，舒展了、变绿了、有神了，立马让人有种"苔痕上阶绿，草色入帘青"的感觉。

由此而想，时间的魔力有多大。当初，火山爆发之时，熔岩如河，炽焰接天，可谓万物成灰，寸草难生。但时间却让彼景变此景：如今，在这些火山岩上，苔藓生、鸟儿鸣、松鼠跳、游人赞。此时，置身其中，一如陶渊明那篇《饮酒》："山气日夕佳，飞鸟相与还。此中有真意，欲辨已忘言。"

由此而感，生命对水的渴望有多强。半瓶矿泉水，就能使干枯的苔藓返绿生神，由"死"变活。其实，还远不止此。在五大连池这曾经的火山爆发处，不仅有紧贴火山岩的苔藓，更有站在火山岩之上的钝叶瓦松和红皮云杉，更不乏彩蝶起舞、麋鹿出没。这一切，都应该归功于五大连池的池中之水。水，使这儿的火山岩失去了火的脾气、岩的冷漠，从而地穿"新衣"、空中鸟飞，恍然间便有了"喧鸟覆春洲，杂英满芳甸"之感。

由此而悟，生态对生物的影响有多强。区区之苔藓，在五大连池那算不上丰饶的火山岩上生长得如此潇洒、如此惬意，换个地方，到游客家中那称得上富足的环境却生长得那么潦倒、那么艰难，以至抱憾而亡，这说明生态环境是多么的重要。

生态环境不仅包括土壤、水分，也包括看不见、却感受得到的空气。清洁的空气，可使苔藓见水"死"而复生；污浊的空气，水足也难挽救苔藓的叶脆茎干。

想，为的是冀思。时间的魔力，让人明白：人，不仅要懂得惜时，更要懂得畏时。人说，后生可畏。其实，时间更可畏。人生如长跑，不能只看眼前。一时走得快，用不着喜不自禁；一时慢几步，也无须胆肝俱裂。长跑，比的是耐力，笑到最后才灿烂。时间，最能说明一切。结论，从来都是后人下；成败，自古都交时间判。

感，图的是思变。生命的渴望，让人懂得：有些时候，水比金子贵。珍惜水，可以说就是珍惜生命。毕竟，"水者何也？万物之本原也，诸生之宗室也，美恶、贤不肖、愚俊之所产也。"（《管子·水地》）无水，就无生命；缺水，就缺生命。世界上有了水，才绿意盎然，才花团锦簇，才人丁兴旺。"是以圣人之化世也，其解在水。"（《管子·水地》）对水，委实要感恩、要珍惜。

悟，要的是觉醒。生态的影响，让人清楚：人改造着自然，也改造着自己。不能只看烟囱林立、只重楼高路宽，更要重环境的和谐、发展的质量。有害的雾霾，从来都不是无妄之灾，而是人类自己的"杰作"。人，不可太势利。即便为己，也应还天空以明媚、还空气以清新，使生态环境如"雨中草色绿堪染"，似"水上桃花红欲燃"，从而给人以梦想，引人以心亮。

| 赏·品悟 |

大自然是神奇的，它像魔术师一样，能赋予我们很多东西，同时也能毁灭很多。文章从五大连池的一片苔藓说起，从它因抱守洁净的土地，因水而生长的秉性，感悟到生命的哲理、人生的智慧，给人以启迪。本文叙议结合，叙事简洁凝练，议论采用想、感、悟的思路，层层推进，既揭示出物理、物智，同时也表达了自己的忧思和期望，耐人寻味。

落日怅望

[唐] 马戴

孤云与归鸟，千里片时间。

念我何留滞，辞家久未还。

微阳下乔木，远烧入秋山。

临水不敢照，恐惊平昔颜。

| 诵·品析 |

　　此诗为游子怀乡之作。诗人抓住了秋天日落这一刹那的景物特点，写出了自己此时此刻微妙复杂的思想活动。诗歌先"怅望"云去鸟飞之景，触动乡愁旅恨；再"怅望"夕阳余晖之景，加重乡愁，进而触发内心深处年华老去的感伤。情景分写，别有意趣。另外作品炼字也极为精彩，"孤云""归鸟""微阳""秋山"营造了秋日傍晚的萧瑟与清冷，寄托着作者的伤感之情。"烧"字的使用，是静中有动；"远"字又写出了意境的空阔，增强了孤寂之情的表现力。

高帽子

文 _ 释星云　主题词 _ 辩证　赞美

> 如果能够因为戴高帽子的鼓舞而发心立愿：做人，要做高人；做事，要做大事。如此，也不失去高帽子的用处。

人，大都喜欢听好话，尤其是赞美自己的好话更是百听不厌。

话说古时候有两个学生，他们向老师请教为官之要。老师说："现在的世道，逢人如果只说实话，是行不通的；当你碰到了人，不妨给他戴顶'高帽子'，人生自然可以通达无碍。"老师说完，其中一个学生赶紧附和道："老师的话千真万确，放眼当今社会，能够像老师您这样正直，不喜欢戴'高帽子'的又有几人呢！"老师听后很高兴。走出门口，这个学生就对旁边的人说："'高帽子'已经送出去一顶了！"

高帽子人人爱戴，但是戴多了，有时也会重得让人承受不了。戴高帽子就是给人赞美，赞美也要得当，不可过高，才能令人有"深得我心"之感。

有的人，明明已是徐娘半老，你就不一定要赞美她年轻貌美，你也可以夸奖她气质高雅、聪明睿智；有的人，胸无点墨，你就不需要称赞他才华横溢，你可以说他慈悲善良、平易近人。

适时地给人一顶高帽子，可以让人如沐春风，赢得别人的友谊与好感。过去，有许多文官武将，只为了君王给他一顶高帽子，有时连生命都可以为之牺牲。

赞美是一种艺术，赞美是一种智慧。赞美的言辞不怕多，一般人赞美佛教徒，总是说："他很发心、他很

在我们每个人的心中，都有两个自我：一个是健康的自我，一个是病态的自我。一个人的成长，说白了就是在跟自己战斗……若让病态的自己占据上风，你的人生就会庸庸碌碌。只有正义战胜邪恶，健康战胜病态，你才能救赎自己，达到智慧的高度，创造一种幸福美好的人生……

慈悲、他很乐善好施。"其实，帽子的颜色有多种，不一定只戴一种；你也可以赞美人：富有道气、很有带动力、具有正知正见、为人正直热心等。

小孩子需要人鼓励，鼓励就是给他戴高帽子；大人也需要打气加油，适时地给人戴上一顶高帽子，就像骑士有了钢盔，就有安全感；身处寒带的人，给他一顶绒帽，他就能御寒；艳阳高照下，给他一顶草帽，就可以遮阴。高帽子也不一定都要由别人来帮你戴，罗胥夫高公爵说："如果我们不恭维自己，人生可享乐的便太少了。"所以，也有的人惯于自己给自己戴高帽子。

高帽子可以让人的自尊受到鼓舞。过去，欧洲人所戴的帽子，都是又高又尖，后来，拿破仑废止高帽子，慢慢高帽子就失去了优势。中国士大夫自命清高，反其道而行，不戴高帽子而戴瓜皮帽。不喜欢戴高帽子的人，以平实心处世固然很好，被人戴了高帽子，也应该发挥别人给我们高帽子的力量。如果能够因为戴高帽子的鼓舞而发心立愿：做人，要做高人；做事，要做大事。如此，也不失去高帽子的用处。

| 赏·品悟 |

美好的语言，娓娓的赞歌，可以给人带来最美妙的精神上的欢娱，但也被看作是阿谀奉承，溜须拍马者的"糖衣炮弹"。星云大师禅意慧心，透过最生活、最浅明的禅语故事，教我们辩证地看待送人"高帽"这一问题，既显现智者的睿智，又为我们的人生解惑。作为一位得道高僧，作者阐释道理娓娓道来，如春风化雨，在不知不觉中沁入心灵，滋润心田。

叩问自我精神冷暖

文 _ 张丽钧　　主题词 _ 生命　救赎

珍视生命，就是要学会叩问自我精神的冷暖。

那是一帧公益宣传画：斑驳的墙，贴了一张纸；在纸的右下方，镂空成一个身子前倾、奋力朝前伸出双臂的"阴人"；而纸张被掏出的部分，则构成了另一个人——一个和纸上的那个人两面相对、四手相连的"阳人"。纸内那个"阴人"，在拼死拉住纸外那个"阳人"。我仿佛听见"阴人"在对"阳人"疾呼：喂，兄弟，不能这样跌下去！

这帧公益宣传画有个发人深省的标题：拯救边缘的自己。

初看的时候，我以为它不过是在向那些"瘾君子"们发出忠告。后来，我发现我错了。

谁敢说自己没有走到"边缘"的时候呢？"边缘"总是热情地赶来邀召我们好奇的双脚。幼年时期，我们可以用"贪玩"来为自己辩护，可是后来呢？后来，"贪玩"竟将我们当成了它的吊线木偶，只要它提拉某根线绳，我们就开始不可遏抑地抽搐或舞蹈。

身体里总有两个"我"在拉锯。一个"我"任性地倒下去时，另一个"我"赶忙跑来营救。两个"我"之间的战争，是那样的惊心动魄。星月眠去，体内干仗的双方却毫无睡意，愈战愈酣。不知为了什么，我们跟自己作战的时刻总是多于我们跟他人作战的时刻。

"瘾"是怎样一个汉字呀？那是一种病，一种深隐于心、羞于告人的病。为"瘾"所引，人就容易一点点迷失自我。认识一个人，被"瘾"牢牢地罩住了，不能自拔。太想劝他回头，岂料，他竟发来短信宽慰我："兄固愚，亦深知：慧极必伤，情深不寿，强极则辱，谦谦君子，温润如玉。"我彻底无言了。面对一个连自己的心都可以巧言骗过的人，我又能说什么呢？后来，他果真就陷落了。他是被"甜"这种东西给击溃的呀。他大概不知道心理学上有个"延迟满足"理论，只晓得一味纵宠着自己的胃口，超前满足、超量满足。结果，恰如《好了歌》所言："终朝只恨聚无多，及到多时眼闭了。"

凯利·麦格尼格尔在《自控力》一书中说："人生来就能抵制奶酪、蛋糕的诱惑。"但她又说："只有在大脑和身体同时作用的瞬间，你才有力量克服冲动。"我们不能设想，当一个人的身体决然扮演起了大脑死敌的角色，它们可该怎样联手去抵御"奶酪、蛋糕的诱惑"呢？在书中凯利·麦格尼格尔殷殷叮嘱我们："忠于你的感受。"问题是，你懂得什么才是你最真实的、值得"忠于"的感受吗？想想看，当那个"阳人"自顾自地跌下去的时候，他未尝不忠于自己的感受；而当那个"阴人"援手相救时，他也是在忠于自己的感受啊！当"贪、嗔、痴、慢、疑"的罡风竞相吹拂无辜的生命，怎样的定力，方能让你的心旌不随之摇摆？

人人心中住着一个魔，这个魔可能是"青面鬼"，更可能是"桃花面"。拒斥"桃花面"，需要动用更大的心劲儿。

"无心非，名为错；有心非，名为恶"，我们聪慧的先人，就是这样简明界定"错"与"恶"的。如果用这把严苛的标尺来衡量现代人的行为，恐怕"作恶多端"者遍地皆是了吧？生命本身的不和谐，使我们总是不肯轻饶了自己，犯愧对自我的错，做愧对自我的恶。生命何其佳妙，一个人的战争何其惨苦！注定了，一种细腻绵长的救赎，将伴随我们漫漫一生。

边缘风厉。边缘的自己，是被风吹乱了的自己。乱了发，乱了衣，乱了心，乱了神。那最初的纯真被谁人掠了去？那曾发誓用履底读遍人间好风景的少年将鞋子典当给了哪阵熏风？谁在整理心绪的时候不期然收获了一团又一团的乱麻？

——珍视生命，就是要学会叩问自我精神的冷暖。拯救边缘的自己，就是为世界点亮一盏星灯。

| 赏·品悟 |

美国总统林肯曾说过：人下决心想要愉快到什么程度，他大体上就能够愉快到什么程度。你能够决定自己的心灵，控制自己的思想。在这个世界上，唯一能够搭救你的人，就是你自己。作者阐述这一观点，从一幅公益宣传画开始，并由此探究、说明一个人跟自己作战的时刻总是多于跟他人作战的时刻，唯有不被世风吹乱了自己，不丢失最初的纯真，才能战胜自己，为世界点亮一盏星灯。作品论述鞭辟入里，意蕴深厚，于旁征博引中，启迪读者，引人反思。

南湖春早

[唐]白居易

风回云断雨初晴，返照湖边暖复明。
乱点碎红山杏发，平铺新绿水苹生。
翅低白雁飞仍重，舌涩黄鹂语未成。
不道江南春不好，年年衰病减心情。

诵·品析

　　时值初春，景象不同于其他季节，也有别于仲春、暮夏。诗人选取了傍晚时分雨住天晴、返照映湖这一特定角度，着重描写了山杏、水苹、白雁、黄鹂这些颇具江南风情的景物，惟妙惟肖地刻画出南湖早春的神韵。诗的最后两句描写了作者消沉的心情。面对如此美好的春天，诗人尚且缺乏兴致，无心情可言，则其内心必有巨大的隐痛。所以"不道江南春不好，年年衰病减心情"正是忧国忧民的诗人，在赏心悦目的早春景色面前，思前瞻后所发出的无可奈何的叹息。

生活越平淡，内心越绚烂

文_唐加文　主题词_淡然　绚烂

淡然×善良　**17**

淡然于心，自在于世。

生活越平淡，内心越绚烂。

映着那柔和的暖风，在那微笑的阳光下，追寻着一种说不出来的感觉，像花儿一样绽放，像酒一样浓香，像花蜜一样甜美，像晨露一样晶莹宁静。那是一种夜莺的歌唱，那是一种习惯的花香。把那藏着春的热吻带给她——美丽、善良、大方、爱笑又爱哭的小女孩儿——愿她能永远像花儿一样绽放，像清晨的露珠一样清澈、洁白和透明！

经历了世事的智者，终于领悟到，太过用力太过张扬的东西，一定是虚张声势的。而内心的安宁才是真正的安宁，它更干净、更纯粹，更接近那叫灵魂的地方。

如果有来生，要做棵树，站成永恒，没有悲欢的姿势。一半在土里安详，一半在风里飞扬，一半洒落阴凉，一半沐浴阳光。

真正的平静，不是避开车马喧嚣，而是在心中修篱种菊。尽管往事如流，每一天都涛声依旧，只要我们消除执念，便可寂静安然。

细数人生的过往，都是一部属于自己不朽的传奇。伸出双手，握一缕清风，融一抹优雅文字，把它们挽成生命的小花，别在发间，用流年的笔记下点滴的过往，记下铭心的春秋，把心刻在文字里来诠释人生……

淡然于心，自在于世。

云淡得悠闲，水淡育万物。世间之事，纷纷扰扰，

培根说过：「美德有如名香，经燃烧或压榨而其香愈烈。」种一颗种子在心田吧，以岁月做笺，在心田里播种淡然、播种善良，用一颗无尘的心，还原生命的本真，以一颗感恩的心，对待生活中的所有，人人如此，才能营造出令人向往的世外桃源。

对错得失，难求完美。若一心想要事事求顺意，反而深陷于计较的泥潭，不能自拔。

花开一季，人活一世，乐天随缘一些，就会轻松自在一些。处境好坏并不是苦乐的根源，想开了自然微笑，看透了定能放下。

青春，一场盛世的繁华，愿不倾城，不倾国，只倾我所有。只为过简单安稳的生活，单纯而平凡。一支素笔，一杯花茶，一段时光，浅笑又安然。

萎败的花一簇簇，残缺的月一轮轮。

时光就在不经意间划过指尖，一转身，楼外的断雁已是天涯咫尺又难寄曾经。不知夜半时候，又是谁在断桥处为你写诗。

静静的心里，都有一道最美丽的风景。尽管世事繁杂，心依然，情怀依然；尽管颠沛流离，脚步依然，追求依然；尽管岁月沧桑，世界依然，生命依然。

当我们再回首时，沉淀的可能不只是记忆，那些如风的往事，那些如歌的岁月，都在冥冥的思索中飘然而去。拥有的就该珍惜，毕竟，错过了的，是再也找不回的。

不再是懵懂的年纪，也不再是做梦的花季，如梭的岁月写下了流离的往昔。潺潺的生命之河，花开花谢的旅途，风风雨雨、点点滴滴，在心湖里生出了一片蒹葭、浮萍。

在生命中，总有些人，安然而来，静静守候，不离不弃；也有些人，浓烈如酒，疯狂似醉，却是醒来无处觅，来去都如风，梦过无痕。

淡然是一种优美，一种心态，一种涵养，一种境界。

思绪，在一缕潜在灵魂深处的牵念中，凝成了一帘幽梦，那一串萦绕不退的心事，如一束缀落满怀无人能解的情愫，将尘封的心事铺展。逝去的岁月点滴，零零碎碎地留在脑海里，身边滑过的季节，仿佛深秋霜染的红叶，轻踏着盈盈飘逸的脚步，在清梦的幽香里，斑斓着深远的美丽！蓦然回首，那生命中的清风、明月、花香，融进风铃悦脆的声音，悠悠萦绕在耳畔；百转千回、耐人寻味的情愫，在这一刻，沉淀成繁华逸去的深情浓浓，捡拾着倾情遐想的思绪朦胧；只是，那缤纷的落英里，那深邃的眼眸里，是一处依旧萦绕不去堆积的风景；那有多少日子悄然而逝的不曾思量，那有多少希冀默然而去的渐行渐远，让我再一次地为之感叹！呢语随风而去，落红几瓣跌进沁入心脾的幽香；那几度风雨的春秋，那几多欢笑的浅愁，凝成了久违的心结。用一札素笺，把一份真诚的期盼让时间凝固；把如水的柔情流淌进每一句轻语浅言；把心态万千的感悟用文字渲染。用轻柔的指尖，定格着温婉幽美的诗意；用空灵的笔墨，镂刻着风清浅淡的云天。静默等待这缕旖旎的温柔，沁润我的心之桑田……

有人问我，失去的东西还会回来吗？怎么说呢，嗯，还是会的吧。只是，我曾经丢过一枚扣子，等到后来找到那枚扣子时，我已经换了一件衣服了。

人生也像坐火车一样，过去的景色那样美，让你流连不舍，可是你总是需要前进，你告诉自己，我以后一定还会再来看，可其实，往往你再也不会回去。退后的风景，邂逅的人，终究是渐行渐远。

没人知道，灾难会在哪个时刻降临，也没人能预料，末日会在哪刻突然出现。我们能够做的全部事情，就是珍惜身边所拥有的一切，未来也许会更好，也许没有。但家人、亲人、爱人却已是此刻的全部。不要总是用工作忙来疏离，不要总是用赚钱来推搪，拥抱今天吧，从现在开始！

人生天地之间，若白驹之过隙，忽然而已。

| 赏·品悟 |

生活越平淡，内心越绚烂。内心的安宁才是真正的安宁，它更干净、更纯粹、更饱满，更接近那个叫灵魂的地方。作者用散文诗般的语言，阐述淡然生活的观点，唯美的文字，意识流的构思形式，让读者如啜饮香茗佳酿，进而获得心灵的顿悟和人生的启迪。当今世界，浮躁充斥着心灵，物欲牵引着人生，这样纯净的文字，如此智慧的处世，无疑是一剂救世的良药，指引我们更好地生活。

善良是佛前的一朵莲花

文_崔达林　主题词_善良　莲花

心怀善良，是灵魂的返璞归真，是人性的虔诚皈依。

"善，吉也"，美好的意思。从字的结构分析，羊用口吃的是草，给予人的是什么？总的来说，索取少，给予多，是人们公认的美好品德。天下谁不想自己生活得快乐，但怎样才能快乐呢？人世间谁不想享受呢，可是到底该怎样享受呢？古语有句话说得再明白不过了，有一定的哲理，这就是"为善最乐"。就像是比尔·盖茨把巨额财产捐献给慈善事业，并把它当作最大的快乐一样。

善良，是人们心间绽放的花。它远离喧嚣的岸，收敛着剔透的花瓣，幽婉的芬芳。它舒展着娉婷的笑靥，仿佛一首云淡风轻的小诗，又如一曲蓝天碧水的梵音。它是一朵佛前的青莲，任由红尘万丈，我自纤丝不染，诸邪不至，只静看清水脉脉地划过如烟岁月。

心怀善良，便萦绕满怀温馨，延己及人。昰能洞穿黑暗，直抵灵魂，砸破狭隘的铁锁，开启心与心的信赖与共鸣，既善待自己，也善待他人，用善意的微笑和语言来温暖彼此。不要妄自捣毁幼稚的希望，不再断然冻结真挚的情谊，少些倔强的仇恨，多份宽容和体谅，自然会坐拥点点滴滴真善美的回忆，消融悲伤，化解烦恼，让生活一寸一寸、一尺一尺地灿烂起来。

心怀善良，便生出随喜之心，豁然开朗。或许会失去不少实惠的利益，或让一些不甘和委屈压在心里。谁也不是超脱凡事的圣人，这世上有太多的欲望，纠缠着我们这些饮食男女。如果没有善良的心意，一双赤脚只能陷在邪恶的泥泞小径中无法自拔，我们努力要为他垫上一块砖头，无形中提升了我们自己的风度；当我们给孤立前行的朋友以真诚的赞美和鼓励时，其掌声也给自己增添了一份人格魅力；当我们给身边处于生活、工作寒流中的朋友一盆炭火，温暖了他人，自己身上也多了几分暖意。依善行事，让我们惬意、愉快，也让对方感到温馨。这是禅意地播种阳光和雨露，是淡定地收获果实和幸福的花丛。

心怀善良，便拥有不老的容颜，芳龄永驻。流水不争先，滋润在根上，何妨零落成尘，悄然做真诚的好人，做实在的好事，欢度平凡的好日子，以善良之心对待身边所有的人，对待所经历的一切。不忌恨抱怨，不嘲弄排挤，善良可以让坎坷变坦途。把善良种在心里，即便时间在我们额头上犁满褶痕，也会获得生命的繁荣与蓬勃，宛若永恒的春光，不落的星辰。你不必斤斤计较，不必处心积虑，而是时时享受风清日朗，刻刻健步柳暗花明，衾影无惭屋漏无愧，宠辱不惊，衰荣不忧。如此明净心路，定将行得海阔天空，赢得不老芳华。

心怀善良，就是与人为善。善是幸福的象征，善是力量的驱动，善是希望的源泉。我们身边有许多善良之人，更有无数善良之举。正是这些善人善事，推动着世界美丽壮观，蓬勃向上，日新月异；也正是因为无数爱的涌动，才使世界充满魅力，

正因为许许多多无私奉献的人，才使人间充满光明。诚然，当你辉煌之时，请不要吝啬那些微小的善行，它们恰如一粒种子，只要随手播下去，就会在不经意间长成参天大树，当你遭受人生风雨时，恰好是它们为你挡风遮雨。《吕氏春秋》曾感慨道："对一个人的善举，就能保全性命，那么对万人施恩德，岂不是要筑起一道道捍卫安宁的屏障？"

心怀善良，是灵魂的返璞归真，是人性的虔诚皈依。哪怕只是一句虔诚的问候，哪怕只有一个体恤的眼神，哪怕一句由衷的赞美，都会使我们在百转人生中获得绵长的感动与温情。而泛滥的邪恶与麻木企图冲垮道德的堤防伤人时，也就淹没了自己。

这世间存在太多杀戮的力量，善良则是佛前的一朵莲花，可以度我们重生。

　　人世间最宝贵的品格是什么？法国大作家雨果说得好，是善良。心怀善良的人，总是在播撒阳光和雨露，医治人们心灵的创伤；同善良的人接触，智慧得到启迪，灵魂变得高尚，襟怀更加宽广。文章将善良比作佛前的一朵莲花，用美的意象表达对善良品质的崇高礼赞，用温润的梵语阐释心怀善良的境界，让人的心灵如沐春风，如浴清泉，善良的品质也便能扎根心田，灿若莲花。

✎ 每日一诵 ···

江楼月夜闻笛

[唐] 刘沧

南浦兼葭疏雨后，寂寥横笛怨江楼。

思飘明月浪花白，声入碧云枫叶秋。

河汉夜阑孤雁度，潇湘水阔二妃①愁。

发寒衣湿曲初罢，露色河光生钓舟。

【注释】①二妃：指传说中舜的妻子娥皇和女英，死后成为湘水之神。

　　这是一首写景诗。诗人月夜登高，遥闻幽怨的笛声，不仅触景生情，生发出思乡思亲而不得归的愁苦之情。诗歌标题点明了诗人所处的地点和时间，同时也交代了事件，让读者一目了然。这首诗，诗人借"河汉""孤雁""潇湘"之景象写羁旅孤单、思念亲人、归途漫漫之情，用娥皇、女英二妃想念舜帝之典，从妻子的角度写妻子盼归人之苦，意蕴深厚，情动于中。

张爱玲的收梢

文_水木丁　主题词_睿智　减法

这零，并不是死，只是零而已。

米兰·昆德拉在《不朽》里，曾经描写过人类的两种灵魂，一种是做加法的灵魂，要不断地表现自我，突出自我，要让人看到自己走在街上，听到自己的意见、声音，要与这个世界产生千丝万缕的联系，否则就失去了生活的意义和灵魂。人们结婚生子，不断地说话，穿奇装异服走在大街上，拍照片搔首弄姿，都是潜意识里，为了让更多的人记住自己，为了对世界说，看我！看我！以此来更加强调自我的存在。而另外一种则是做减法的灵魂，他们觉得跟这个世界没什么太大的关系，希望能过点儿安宁的日子，不被人打扰，去除和人的关系。在他们的世界里，就像蔡康永说的那样，"凡有边界的，即是地狱，人生就是监狱"，他们老想逃跑，总想越狱，因此总是自动给自己的灵魂降噪，希望有一天偷偷地挖个去另外一个世界的洞，消失掉而不被人发现。昆德拉说，前一种加法灵魂走向极端的危险之处在于一个人会过于自我膨胀。而后一种减法灵魂的声音走向极端的危险，就会最后消减为零。这零，并不是死，只是零而已。在昆德拉的小说中，姐姐阿涅斯是减法灵魂。

我从未见过真正的像阿涅斯一样的人物。后来我看到蔡康永说张爱玲的越狱，才突然想到，原来晚年的张爱玲是阿涅斯。她在美国深居简出，没有人能找到她，她的地址连家人和朋友都不会告知。因为身体的缘故，再加上有一点儿风吹草动，就会搬家，世人都在寻找

俗话说得好，人人都渴望成功，但成功只青睐智者。然而并不是人人都能成为智者，这不仅需要才华，更需要一种品德，一种气质，像张爱玲，像杨澜……她们的故事，也许能给你以智慧的启迪。

她，有记者甚至住到她家隔壁，但是毫无头绪，只好翻检她的垃圾想寻得她的蛛丝马迹。这是她唯一的一次被世人逮到，但她也立刻溜走了。在她生命最后的十几年，她把自己灵魂的声音几乎削减为零。有一次，她和一直帮助她的林式同先生通电话，抱怨牙痛，林就说："牙齿不好就拔掉。我也牙痛，拔掉就没事了！"她若有所悟，自言自语地说："身外之物还是丢得不够彻底。"

张爱玲死后，人们第一次走进了她的居所，家徒四壁，屋子的女主人，过着极简的生活。我想起《搏击俱乐部》里，皮特把诺顿家里的东西都扔掉，把房子点着的镜头。人们叹她晚景清贫，她却只嫌身外之物丢得不够。她说：

"我比较喜欢那样的收梢。"

这收梢，我也喜欢，看得懂的人，就知道她干得有多漂亮。

| 赏·品悟 |

收梢，意思是人生和任何事物的终结部分，还可指故事的末尾、结局部分。张爱玲是中国现代文学史上的传奇才女，她在二十世纪三四十年代的上海大红大紫，然而几十年后又不遗余力地追求减法人生，深居简出，过着与世隔绝的生活，以致有人说："只有张爱玲才可以同时承受灿烂夺目的喧闹与极度的孤寂。"这种收梢，这种选择，是透彻生命的本质后的幡然醒悟，是返璞归真之后的淡然，也是不为外物所累的超然的人生智慧。

杨澜的傻劲

文 _ 艾燕莊　主题词 _ 成功　知性

"每有患急，先人后己 " 助人是人格升华的标志。

1990 年，杨澜刚从北京外国语大学毕业，得知中央电视台综艺节目《正大综艺》正招聘一名懂英语的主持人，便去应聘。经过了七轮的竞争，到最后一轮决赛时，就剩下杨澜和另外一个女孩。

决赛那天，招聘方出的题目是用英语介绍自己，并讲一讲为什么喜欢这个节目。要求她们在门口准备三分钟。虽然杨澜在大学学的不是主持人专业，但她非常希望自己得到这份工作。所以，她就在门外认真地准备演讲稿。

另一个女孩虽然是主持专业毕业，但英语比不上杨澜。所以在备稿时，有些话用英语怎么说和有些单词的读音还拿不太准，于是过来请教杨澜。

杨澜非常清楚，节目招聘的主持人名额只有一个，非我即你，而且准备时间只有几分钟，把时间花在别人身上，自己的准备时间就没有了。如果把别人辅导好了，人家上了，自己不是太冤了吗？

杨澜偏偏在这个时候犯傻，耐心地给那个女孩讲解应该如何用英语演说，还反复地校正女孩的读音，好像忘记了自己和那女孩是竞争对手，倒像是那女孩的辅导老师。正巧这时，节目导演辛少英从她们身边走过，把这一幕看在眼里。

应聘的结果大家都知道了。杨澜成了《正大综艺》节目主持人，并且一炮走红，让她成为家喻户晓的主持人。

若干年后，当时的制片人，也就是对她有知遇之恩的辛少英导演与别人谈起那段往事时说："当时杨澜给我留下一个很深的印象的就是，虽然两个女孩都非常希望自己得到那个主持人的位置，而且每个人只有三分钟的准备时间，但我路过时，发现杨澜还在辅导那个女孩的英文。所以，我就觉得这个女孩很特别。"

我们似乎可以认为杨澜的特别在于她的傻劲，这种傻劲就是当别人需要她提供帮助，而且这种帮助有可能损害到自己的利益时，她竟毫不顾及私利，倾囊相助。而正是这种无私大度的品质，让她应聘成功并成为知名主持人。

《三国志》的作者陈寿说过："每有患急，先人后己。"助人是人格升华的标志，杨澜的行为对这句话做了最好的诠释。

杨澜，知性、美丽、优雅、智慧，有人说，她完美诠释了什么是"东方淑女"，也有人说如果完美女性有一张面孔，那就是杨澜的面孔。杨澜的简历让人眼花缭乱：资深传媒人士，阳光媒体投资集团创始人，阳光文化基金会董事局主席，2006年胡润女富豪榜第五名，入选英国《大英百科全书世界名人录》，申奥"形象大使"……性格决定命运，也许正是这股傻劲，才让杨澜走出了一路的辉煌。

每日一诵 ·······························

满庭芳

[宋] 张风子

咄哉牛儿，心壮力壮，几人能可牵系。为爱原上，娇嫩草萋萋。
只管侵青逐翠，奔走后、岂顾群迷。争知道，山遥水远，回首到家迟。
牧童，能有智，长绳牢把，短梢高携。任从它，入泥入水无为。
我自心调步稳，青松下、横笛长吹。当归处，人牛不见，正是月明时。

这是一首描绘田园风光的写景词。词人着力刻画强健倔强的牛儿与机智沉稳的牧童之间和谐美好的关系，描绘了一幅牧童放牧的图画，营造了和谐、宁静、美好的意境，表达了词人对闲适自在的田园生活的热爱。在写法上，作品融情于景，借牧童和牛的情趣展现自己的情感，读来令人忍俊不禁。结尾部分写牧童月下骑牛晚归，连那笛声也散了余音，则又生出几分怅惘，生动形象地写出了词人对田园生活的无限留恋和羡慕，令人回味。

为什么读书

文_颜志祥　主题词_读书　作用

> 读书没办法教你发财，它只能让你更有智慧，让你的心智更成熟。

古人就有读书无用论。唐朝诗人章碣在《焚书坑》里写道：坑灰未冷山东乱，刘项原来不读书。易中天说过这样一句话："读书无用，读书就只是为了读书。"

读书无用，但为什么还要读呢？

高学历可能带不来高收益，这是"读书无用论"甚嚣尘上的一个重要原因。但事实上，读书从来都不是教你发财，就像黄埔军校门前的对联写的那样——升官发财，请往他处；贪生怕死，勿入斯门。

读书本身就是一件孤独的事，一件自己的事，一件煎熬的事。你懂得越多，痛苦越多，在快乐的猪和痛苦的思考者之间，很多人选择了前者。读书对人的影响是潜移默化的，它影响了你的思维方式，改变了你的谈吐，让你看见了一个更好的自己，最重要的是，它培养了你一个非常重要的能力——眼光。

金庸当年在香港办《明报》，执笔写社评，预测中国大陆的政局，每每中的。有人问他奥秘何在，他轻松回答道："我读《资治通鉴》几十年，一面看，一面研究。《资治通鉴》令我了解中国的历史规律，差不多所有国家的历史都是按这个规律来的。"

金庸读透了历史，拥有了智者的思维和敏锐的判断力。书籍培养的眼光，让一个人拥有了向上的能力，我们可能不在乎工作报酬的多寡，但我们会找一个有前途

高尔基说："书是人类进步的阶梯。""书是人类不可或缺的精神食粮。一本好书就是一个驿站，让我们疲倦的身心得到休息；一本好书，就是一盏黑夜中的烛火，照亮我们前行的道路。还等什么？开卷有益，就从现在开始……

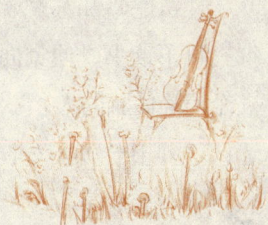

的工作，去努力。梦想强大的年轻人永远不会沉沦。

比尔·盖茨每年至少有两次闭关读书的时期。马化腾在一次演讲中说："每一年，我都感觉腾讯要垮了，但都挺过来了，如果微信不是我们腾讯发明的，我们现在就行将末路了。在这个互联网时代，没有读书教给你的智慧和统观全局的眼光、预测未来的敏感，迟早得被淘汰。"搜狐的张朝阳1993年从麻省理工学院毕业回来，决定做互联网，那时候中国互联网连影子都看不到，但张朝阳坚持做，为什么？他知道互联网有未来，现在他成了网络巨头，如果没有在麻省理工读书的摸爬滚打、对互联网敏锐的眼光和精准的预测，还会有今天的张朝阳吗？正像杨绛先生说的："你所有的困惑都是因为书读得太少，想得太多。"

在中国，曾流传过这么一句话："造原子弹的不如卖茶叶蛋的，拿手术刀的不如拿剃头刀的。"每个人都有自己的人生选择，造原子弹的可能没有卖茶叶蛋的财富，但卖茶叶蛋的可能也没有造原子弹的那种成就感，关键是你自己的选择。读书没办法教你发财，它只能让你更有智慧，让你的心智更成熟。读书就是为了读书，读书给不了你想要的一切，不光是读书，任何东西都给不了你想要的一切。但是不读书，你会发现自己内心荒芜，一片空白。

我有一个特别帅的朋友却娶了一个长得实在不怎么样的女孩。我太疑惑了，问道："你怎么娶了这么一个女孩？"他跟我说："这个女孩浑身散发着知性美，她读的书太多了，很多时候她是安静的，但只要开口，就一语中的。这个女孩身上有着知识沉淀出来的那种美，感觉她像一本书，翻不完，而且也不知道翻的是哪一页。"而他曾经遇见的那些光鲜靓丽的女孩则显得太单薄了，单薄得就像一张纸，一眼就能看透。一个男孩第一眼喜欢上一个女孩肯定是因为这个女孩的容貌，但爱上一个女孩，肯定是因为这个女孩的内在。

我们看看木心、杨绛、白先勇这些大家，浑身散发出来的那种知性美、那种光华、那种知识沉淀出来的自信，足以震慑到我们的心灵，你不用听他们说话，你安静地看着他们就是一种享受。

黄庭坚和苏轼聊天时说："一日不读书，尘生其中；两日不读书，言语乏味；三日不读书，便觉面目可憎。"相由心生，一个内心从容的人身上，没有戾气，一个清静儒雅的人，不会形容猥琐。

套用一句玩笑话：丑不是你的错，丑，还不读书，就是你的错了！

为什么读书，读书有用吗？不只是你，许多人都会这样问。然而这是一个没有定论的命题。读书有用无用，全看读书的目的。文章从读书的作用说起，从正反两方面来说明读书的意义，让我们感受读书魅力的同时，更懂得了为什么要读书的道理。"腹有诗书气自华"，读书，是在修身养性，是在滋养自己，更是人类灵魂提升的助推剂。

开卷如开芝麻门

文 _ 余光中　主题词 _ 开卷　方法

如果读书不得其法，则一味多读也并无意义

在知识爆炸的现代，书，是绝对读不完的。如果读书不得其法，则一味多读也并无意义。古人矜博，常说什么"于学无所不窥"，什么"一物不知，君子之耻"。西方在文艺复兴的时代，也多通人，即所谓 Renaissance Man。十六世纪末年，培根在给伯利勋爵的信中竟说："天下学问皆吾本分。"现代的学者，谁敢讲这种话呢？学问的专业化与日俱进，书愈出愈多，知识愈积愈厚，所以愈到后代，愈不容易做学问世界的亚历山大了。

不过，知识爆炸不一定就是智慧增加。我相信，今人的知识一定胜过古人，但智慧则未必。新知识往往比旧知识丰富、正确，但是真正的智慧却难分新旧。知识，只要收到就行了，智慧却需要再三玩味，反复咀嚼，不断印证。如果一本书愈读愈有味，而所获也愈丰，大概就是智慧之书了。据说《天路历程》的作者班扬，生平只熟读一部书：《圣经》。弥尔顿是基督教的大诗人，当然也熟读《圣经》，不过他更博览群书。其结果，班扬的成就也不比弥尔顿逊色多少。真能善读一本智慧之书的读者，离真理总不会太远，无论知识怎么爆炸，也会得鱼忘筌的吧。

叔本华说："只要是重要的书，就应该立刻再读一遍。"他所谓的重要的书，正是我所谓的智慧之书。要考验一本书是否不朽，最可靠的试金石当然是时间。古人的经典之作已经有时间为我们鉴定过了；今人的呢，可以看看是否经得起一读再读。一切创作之中，最耐读的恐怕是诗了。就我而言，"峨眉山月半轮秋"和"岐王宅里寻常见"，我读了几十年，几百遍了，却并未读厌，所以赵翼的话"至今已觉不新鲜"，是说错了。其次，散文、小说、戏剧甚至各种知性文章等，只要是杰作，自然也都耐读。奇怪的是，诗最短，应该一览无遗，却时常一览不尽；相反的，卷帙浩繁、读来令人废寝忘食的许多侦探故事和武侠小说，往往不能引人看第二遍。凡以情节取胜的作品，真相大白之后也就完了。真正好的小说，很少依赖情节。诗最少情节，就连叙事诗的情节，也比小说稀薄，所以诗最耐读。

　　朱光潜说他拿到一本新书，往往选翻一两页，如果发现文字不好，就不读下去了。我要买书时，也是如此。这种态度，不能斥为形式主义，因为一个人必须想得清楚，才能写得清楚；反之，文字夹杂不清的人，思想一定也混乱。所以文字不好的书，不读也罢。有人立刻会说，文字清楚的书，也有一些浅薄得不值一读。当然不错，可是文字既然清楚，浅薄的内容也就一目了然，无可久遁。倒是偶尔有一些书，文字虽然不够清楚，内容却有其分量，未可一概抹杀。某些哲学家之言便是如此。不过这样的哲学家，我也只能称为有分量的哲学家，无法称为清晰动人的作家。如果有一位哲学家的哲学与唐君毅的相当或相近，而文字却比较清畅，我宁可读他的书，不读唐书。一位作家如果在文字表达上不为读者着想，那就有一点"目无读者"，也就不能怪读者可能"目无作家"了。朱光潜的试金法，颇有道理。

　　凡是值得读的智慧之书，都值得精读，而且再三诵读。古人所谓的"一目十行"，只是修辞上的夸张。"一目十行"只有两种情形：一是那本书不值得读，二是那个人不会读书。精读一本书或一篇作品，也有两种情形：一是主动精读，那当然自由得很；二是被迫精读，那就是以该书或该文为评论、翻译或教课的对象。要把一本书论好、译好、教好，怎能不加精读？所以评论家（包括编者、选家、注家）、翻译家、教师等等都是很特殊的读者，被迫的精读者。这种读者一方面为势所迫，只许读通，不许读错，一方面较有专业训练，当然读得更精。经得起这批特殊读者再三精读的书，想必是佳作。经得起他们读上几十年几百年的书，一定成为经典了。普通的读者呢，当然也有他们的影响力，但是往往接受特殊读者的"意见领导"。

　　世界上的书太多了，就算是智慧之书也读不完，何况愈到后代，书的累积也愈多。一个人没有读过的书永远多于读过的书，浅尝之作也一定多于精读之作。

然而书这东西，宁愿它多得成灾，也不愿它少得寂寞。从封面到封底，从序到跋，从扉页的憧憬到版权的现实，书的天地之大，绝不止于什么黄金屋和颜如玉。那美丽的扉页一开，真有"芝麻开门"的神秘诱惑，招无数心灵进去探宝。

| 赏·品悟 |

古人云，开卷有益。然而在这个知识爆炸的现代，诗人余光中认为：书，是绝对读不完的。如果读书不得其法，则一味多读也并无意义。正因如此，作者从读书方法上给我们以智慧的指导，即智慧的书要"再三玩味，反复咀嚼，不断印证"，而对于其他的书，由于时间和机缘则只能"略加翻阅，不能深交"。认真领会作者独到的读书方法并落实到行动中，相信你会受益终生的。

每日一诵 ···

夜书所见

[宋] 叶绍翁

萧萧梧叶送寒声，江上秋风动客情。
知有儿童挑促织①，夜深篱落一灯明。

【注释】①促织：俗称蟋蟀，有的地区又叫蛐蛐。

| 诵·品析 |

这是一首写羁旅乡思之情的小诗。诗人着眼于夜间小景，写自己深夜难眠，透过窗户，看到不远处篱笆间有盏灯火。于是他明白了原来是有孩子在捉促织。而这种情景，恰能勾起诗人对自己童年生活的追忆、留恋。在写法上，诗歌采用借景抒情、情景交融的手法，全诗四句均是写景。一、二两句写自然环境，三、四两句写生活场景，前者有寒意，是悲景，后者用亮色，是乐景，一悲一喜，相互映衬，生动形象地传达出诗人久居在外、归家不得、思家念亲的思想感情。

国学风扬起的大智慧

文 _ 李艳霞　主题词 _ 国学　魅力

谦逊如美德的幼芽和蓓蕾，是一切道德之母，具有这种美德的人生，定然其乐无穷

文化是引领时代前进的旗帜。中华民族作为一个有着悠久历史的民族，在千年文明史中积淀了高尚的传统美德和优秀的民族精神，作为民族文化的精髓——国学一直都是维系我们民族荣辱与共，不断进取的精神力量。古为今用，是时代之需，更是一种远见，一种自信，一种智慧。

乾的智慧

乾，是雄性的代表，阳刚之气，过犹不及，将导致干燥的土地。

乾，一种极限的标志，物极必反，必然与和谐背道而驰。乾燥，需要通过坤的平衡，水来润湿，懂得厚德载物的高妙，祥和才能回馈给天地。

可以这样譬喻：凡夫之地，若想求得佛的果实，需要漫长的努力。人处于凡夫的境界之地，是非常的燥，想得到乾的智慧，要进行修道，执着修下去，定能得到一点启示，明白隔着佛的果位还有很远很远的距离，但要自信，一定会得到佛的果实，一定会得到水的慰藉。

品德是一种修行，"天行健，君子以自强不息"，日月星辰，每时每刻都在按照自我轨迹运行，于是，四季分明，昼夜交替，遵循的是自然规律。《道德经》教诲我们："人法地，地法天，天法道，道法自然。"人就应该效仿天地，时刻想着奋斗向上，时刻想着自强不息。这让我又想到了乾的智慧，想到佛对人生的启迪，福慧双修，善良同奋进，才是做人的根基，是立足之地。

谦的能量

谦，像一种蓄电池，给人以能量的储蓄；谦，又似一种容器，亏欠必得，盈满自溢。"盈"为满终将外溢，"谦"为不满则能接受，这是《象传》作者对谦的诠释。"天道亏盈而益谦"，说的是，天的本性是要使盈者亏

损而补偿不满者；"地道变盈而流谦"，说的是，地之本性也是要使盈者溢出而流向不盈的一方；谦而能"亨"通，君子之"谦"能够使君子有所成就，立于不败之地。

对人类而言，谦本性为阳，尊贵而光明，却将自己置于坤众之下，吸收接纳坤众之精华，以不断壮大自己，虽位处低下，却掩盖不住其尊贵光大的本质，这正是艮之忠信君子应有的人生风范。谦者犹如大海，胸怀宽广博大，却位于百川之下，又能容纳百川。

谦逊如美德的幼芽和蓓蕾，是一切道德之母，具有这种美德的人生，定然其乐无穷。这句格言，应当作为人生的座右铭，因为它一语中的，毫不偏颇，值得每个人好好地修行！

萃的心法

萃，本是指一簇草木的茂密，长得青青绿绿；萃，寓意同一种事物汇聚在一起，总能凸显最亮的一滴；萃，如汪泽一片的大地，水在地上汇聚成泽，总能率先映入人们的眼帘。

萃的另一层含义，是说修行者的生命光子，能量原来通过汇聚获取。但是，这种汇聚，并不是没有秩序，而是同源的生命光子，才能实现优质的聚集。汇聚的过程是漫长的，是循序渐进的，是不变的坚持。对于生命能量的提取，并非随心所欲，必须要通过萃取及精粹的方法，对能量进行消化处理，以保证修行的品质，犹如正能量的汲取。

通过对萃的诠释，可以联想到太多与萃关联的词语，如：出类拔萃，"出于其类，拔乎其萃"，这超出同类之上，正是践行人类品德的宗旨。

离的策略

离，是依附团结的火势，与光明脱不了干系，本是相距最近的物体，互为依托帮助，才能形成团结的大局，让光明分外绚丽。

人间太多潜然泪下的故事，皆是"离"上演的悲喜剧。不离不弃，是大爱盛开的美丽；生死相依，是真情的花絮；肝胆相照，是精诚团结胜利的秘籍。但是，离有比和，也有排斥，妥善调解，才不会出现距离、间隙，才能把正能量传递。

离，具有辩证的法则和规律，分久必合，合久必分，即为天下大势。而"少小离家老大回……"的诗句，把人生的起伏跌宕、悲欢离合，描绘得淋漓尽致。

离，未必是最糟糕的选择，有时候，撤离是一条锦囊妙计，当人们陷入情感的僵局，不肯做一条睿智的鱼，迅速撤离，就会步入烦恼的境地。如果对立的双方，激烈地争执，已经解决不了问题，就要学会主动撤离，积攒回旋的余力，会使气焰自然平息，也许局势会发生转机。

| 赏 · 品悟 |

中国的国学智慧是博大精深的，之所以能代代传承，延续几千年的历史，是因为它具有包容性。它不排斥什么东西，也不和什么东西相对立，它永远都是在吸收不同的传统，然后丰富和扩大自己。本文作者从道家八卦中剥离出乾、谦、萃、离四卦，做引领式的品鉴，带您站在圣人的肩上感悟中国国学的魅力。作品语言深入浅出，字字珠玑，阅读这样的文章，自然能达到传播"善知识"、传达"正能量"、分享"大智慧"的目的。

虚室生白

文 _ 叶春雷　主题词 _ 心灵　空阔　智慧

心灵的空间最大限度得到释放，一个人的气魄就大了，智慧就来了，他离伟大也就不远了。

"虚室生白"这个词来自庄子。"虚室"指一间空空的房子，比喻富有余裕的内心。"白"喻指"智慧"。"虚室生白"，指的是内心的空间产生真正的智慧。

智慧来自内心的空间。内心的空间越大，智慧则越多。但现代人内心的空间到底有多大？这已经是一个颇让人踌躇的问题，或者说，不知我们的内心还有空间否？

对比一下古人，很能说明问题。譬如李白，他的那首《独坐敬亭山》中说："相看两不厌，只有敬亭山。"李白内心的空间有多大？起码装得下一整座青葱可爱的敬亭山。当然李白的内心不止装得下一座山，他是可以和庄子一样，吞吐宇宙，"独与天地精神往来"的。要不然，他写不出"桃花流水窅然去，别有天地非人间"这样有着仙风道骨的诗句。

内心的空间之大小，不仅在于是否装得下自然万物，还在于对同类的态度。有人厌恶同类，有人挤压同类，有人甚至暗害同类。但看看鲁迅，他说："无穷的远方，无数的人们，都和我有关。"鲁迅心中装着同类，"心事浩茫连广宇""俯首甘为孺子牛"。

一个人的智慧，来自于他内心的空间。一个人内心空间的阔狭，又取决于他是否对天地万物有一颗慈悲心。或者如孟子所说的"恻隐之心"。孟子说："人之所以异于禽兽者几希。"人高于禽兽的部分，其实就那么一点点。孟子说："庶人去之，君子存之。"孟子没有往下说，如果接着说，那就是："庶人去之，乃为禽兽；君子存之，乃为灵长。"人之所以为万物之灵长，就在于他在内心保留了那一份恻隐之心。若然，他对万物的痛楚就会感同身受，他内心的空间就会变得无比广阔，他就会懂得"与人为善"，从而得到生命的大智慧，舍己为人。

现代人很可怕的是，就像庄子所说，内心塞满了茅草，一颗心变成了"有蓬之心"。内心长满杂草，还有什么空间可言？这都是什么样的杂草呀，生命力如此旺盛，割去一茬又冒出一茬，说白了就是炽热的欲望。对声名的欲望，对地位的欲望，对财富的欲望，对权势的欲望。一个人的内心里长满欲望的杂草，就会把他的内心堵得死死的，堵得密不透风，哪还有什么智慧可以生存？

所以道家主张"清心寡欲"。老子说："敦兮其若朴，旷兮其若谷。"内心朴拙，空旷如山谷，就会遇事游刃有余，触处无碍，生命也就有了恢宏的气象。现代人心中没有天地神明，有的只是一己之私，那内心自然逼仄得可怜。一个只看得见自己的人，他人就成了被自己利用的对象，视对自己有利无利任加取舍，有利则取，无利则舍，于是就会趋炎附势，于是就会过河拆桥甚至落井下石，于是就无悲悯，无敬畏，睚眦必报，小肚鸡肠。一个人的内心被私欲私愤挤占得满满当当，哪还有可能容得下他人。心灵空间逼仄的人，一般都缺少宽容的品质。

于是想到南非著名黑人总统曼德拉。在狱中度过了 27 年的曼德拉，一旦执政，便率先放下了仇恨。他让之前的政府的白人官员继续留任，自己的保镖也是白人。他还邀请了南非前任白人总统德克勒克担任自己的副总统，与他合作治国。1993 年，曼德拉与曾经监禁过他的人——前总统德克勒克分享诺贝尔和平奖。曼德拉有句名言："当我走出囚室，迈向通往自由的监狱大门时，我已经清楚，自己若不能把悲痛与怨恨留在身后，那么，我其实仍在狱中。"曼德拉用他的悲悯和宽容，消除了种族隔离的壁障。他的内心像岩石一样刚强，同时又像青草一样柔软。而无论是刚强，还是柔软，都共同成就了他内心大海一样的博大和深邃。他是当之无愧的世纪伟人。

像曼德拉一样，内心装着的，不是一己的私欲，而是人民的苦难，那么，对人民的救赎，就成了自己终生为之奋斗的"天命"。这样博大的胸怀，自然会产生无穷的智慧和力量。我们也许成不了曼德拉，但我们可以尽量释放我们心灵"硬盘"的空间，清扫"硬盘"中的心灵"垃圾"，最大限度地把他人的疾苦装在心上，像郑板桥诗中所写："衙斋卧听萧萧竹，疑是民间疾苦声。些小吾曹州县吏，一枝一叶总关情。"或者如陆游诗中所言："位卑未敢忘忧国。"心灵的空间最大限度得到释放，一个人的气魄就大了，智慧就来了，他离伟大也就不远了。

虚室生白。

| 赏 · 品悟 |

国学，总是包蕴着博大的智慧，文章透析庄子《人间世》中"瞻彼阕者，虚室生白，吉祥止止"提出的"虚室生白"，指出其内涵及成因，以国学的智慧引领时代人清心寡欲，扩大内心的空间，博大自己的胸怀。为使论述具体生动、通俗易懂，作者旁征博引，既有国学经典精华的引用，又有曼德拉宽容消除种族隔离壁障的事例，丰富了作品内容，彰显的是作者宽泛的认知。

青玉案

[宋] 曹组

碧山锦树明秋霁。路转陡、疑无地。忽有人家临曲水。竹篱茅舍，酒旗沙岸，一簇成村市。

凄凉只恐乡心起。凤楼远、回头谩①凝睇。何处今宵孤馆里。一声征雁，半窗残月，总是离人泪。

【注释】①谩：徒然、空自。

| 诵·品析 |

　　这是一首抒写羁旅乡思的词。词作上片写景，点出行旅的节令和境地，景中寓情，貌似明丽而实为下文写乡愁埋下伏笔。后四句则通过人家、竹篱、酒旗等意象，描绘了一幅秋季烟村宁静安详的图景，既回应前文，又点活了全篇。下片承转十分自然，"凄凉只恐乡心起"一句领起下文。"凄凉"二字，形容"乡心"的况味，确定了词作的情感基调。独宿孤馆，乡思盈怀，所闻所见，无不献愁供恨，催人泪下。全词运用了借景抒情、想象、虚写、反衬等多种手法，绘景清新明丽，情绪跌宕起伏，抒发的是深沉浓郁的思乡之情。

以山为师

文 _ 夏俊山　主题词 _ 山　教诲

看山思人，以山为师，让自己的生命如山。

古人说，"仁者乐山"，我不敢以"仁者"自居，但出生后取名就含有"山"字，冥冥之中，山与我，似乎有着割不断的情缘。

我总觉得，人与自然在本质上是血脉相通的。遥想两千多年前，孔子"登东山而小鲁，登泰山而小天下"，便觉山是人类的老师，它教人开阔眼界，神游八荒。试想，置身于秀山峻岭，侧耳有虫鸣鸟唱，松风阵阵，举目是浓绿滴翠，雾岚戏风。到得山顶，又觉天高地迥，万里风来，群峰皆伏于下，于是陶然悠然，顿生逸兴飞扬之感——山，可谓人的怡情之师。

时至秦朝，面对无情的逐客令，丞相李斯写道："泰山不让土壤，故能成其大。"山，告诉我们：要有宽广的胸怀。它正是这样，既接纳每一块奇石，也接纳平凡的泥土；既接纳参天大树，也接纳歪树残枝；既接纳百鸟歌唱，也接纳虎啸狼嚎。只要你来，山都无所嫌弃，平等相待，给你生存的空间，居住的自由。它兼容并包，厚德载物，拥有一个博大而宽厚的心，同时也成就了自己耸入云霄的雄姿——山，可谓人的智慧之师。

到了宋代，一座褒禅山，让王安石更坚定了变法的决心："世之奇伟、瑰怪、非常之观，常在于险远，故非有志者不能至焉。""尽吾志也，而不能至者，可以无悔矣。"登山之路，崎岖难行，荆榛挡道，乱石嶙峋，高崖峭壁，横入苍暝。经千难，历万险，到得高处，蓦

一颗苹果的落地，结出的是『万有引力』的硕果，蜘蛛结网的启示，却拯救了一个万念俱灰的将军……"人法地，地法天，天法道，道法自然。""大自然包罗万象，是我们一切思想及智慧的摇篮。以自然为师，从自然中获取智慧的启迪，敬重大自然，与之和谐相处。

然云开日现，光芒万道，照彻雾海云天，"无限风光在险峰"的名言，会强烈地撞击你的心扉。你明白了"天行健，君子以自强不息"的古训，强烈的进取精神由此迸发——山，可谓人的砺志之师。

游山之后，苏东坡把墨迹留在庐山西林壁："横看成岭侧成峰，远近高低各不同。"其实，观山所得，还因内容而有别。试问，谁能说得清，千百年来，有多少文人墨客曾经寄情于山，有多少英雄豪杰曾经驻足于岭？他们或留下高雅的情致，或谱写血染的浩歌。欣赏他们笔走龙蛇的诗文，可感知其心迹志趣；察看他们残缺斑驳的遗迹，可以体悟历史的深远厚重——山，可谓人的博学之师。

南宋诗人杨万里写道："莫言下岭便无难，赚得行人错喜欢。正入万山圈子里，一山放出一山拦。"下山，翻过一座山梁，迎接我们的依然是山。伟人毛泽东年轻时就倡导"野蛮其体魄，文明其精神"，登高山，入森林，可以强健体魄。行走山中，观猴猿竞攀岩，兔走狐追，鸦雀争食，人亦可萌生野性，欲大吼奔跑，展脚伸拳，摆脱平日里身心受到的种种束缚、压抑、扭曲，这时，清新有力的血液灌流全身，平日的委琐也随风而去——山，可谓人的强身之师。

杨万里还写道："却有一峰忽然长，方知不动是真山。"无论你的地位多高、名望多大，山决不会俯仰于你的地位和名望；你赞颂它也好，辱骂它也罢，山受赞誉不喜，临诽谤不戚，遭辱骂不怒，任凭风吹雨打，静看云卷云舒，一身正气，高挺身躯，用嶙峋的风骨，撑起一片蓝天。多少占山为王的英雄，如今在哪里？多少称雄一时的风流人物，如今在哪里？只有山，永远横空立世，昂然矗立，挺拔于天地之间，高标逸韵，卓尔不群，巍然独存——山，还是人的刚毅稳重之师。

和山相比，人是何等渺小，人生又是何等短促啊！看山思人，以山为师，在与山的对话和交流中，我愿不断净化躁动的灵魂，感悟人生的真谛，让自己的生命如山。

| 赏·品悟 |

山，挺拔、巍峨、包容、刚毅……山是人最好的老师。作者对山仰止，拜山为师，学习山之怡情、智慧、砺志、博学、强身、刚毅稳重等品格，看似这些品格皆从山的形态演化而来，实则展现的是作者内心对这些美好品格的追求。行文中作者多引用诗歌，既突出了人们对山的吟诵，又由此引出相应的品格，点明学习的内容，极富匠心。

草木有本心

文 _ 丁立梅　主题词 _ 草木　本色

草木不伪不装，自然天成，大美不言。

喜欢一切的花草树木。

我以为，所有的草木，都长着一颗玲珑心，天真无邪，纯洁善良。

没有草木是丑陋的。如同青春美少女，不用梳妆打扮，一颦一笑，散发的都是年轻的气息，清新迷人，无可匹敌。

草木从不化妆。所以花红草绿，都是本色。我们常说亲近自然，其实就是亲近草木。我们噼里啪啦跑过去，看见一棵几百年的老树要惊叫，看见满田的油菜花要惊叫，看见芳草茵茵要惊叫。草木却不惊不乍，按它们本来的样子活着。

草木也从不背叛远离。你走，草木不走。你遗忘的，草木都给你记着呢。废弃的断壁残垣上，草在长。游子归家，昔日的村庄已成陌生，他找不到曾经的家了。一转身，却望见从前的那棵老槐树，还长在河畔。还是满树的青绿，树丫上，依旧蹲着一个大大的喜鹊窝。天蓝云白，都是昔日啊。他的泪，在那一刻落下。走远的记忆，都走了回来，他童年的笑声，仿佛还在树下回荡，叮叮当当，叮叮当当。感谢草木！让人的灵魂找到归宿。

每一棵草都会说话。它说给大地听，说给昆虫听，说给露珠听，说给小鸟听，说给阳光听。喁喁，喁喁。季节的轮转，原是听了草的话。草绿，春来。草枯，冬至。

每一朵花都在微笑。一瓣一瓣，都是它笑的纹，眉睫飞扬。对着一朵花看久了，你会不自觉微笑起来，心中再多的阴霾，也消失殆尽。这世上，还有什么坎不能迈过去呢？笑也是一天，哭也是一天。不如向一朵花学习，日子笑着过。

新扩建的路旁，秋天移来一排樟树。可能是为了好运输，所有的树，一律给削去了头。看过去，都光秃秃的一截站着，像断臂的人，叫人心疼。春天，那些树干顶上，却冒出一枚一枚的绿来，团团的，像歇着一群翠绿的小鸟，叽叽喳喳，充满无限生机。

草木的顽强，人学不来。所以，我敬畏一切草木。

出门旅游，异乡的天空下，意外重逢到一片蓝色的小花。那是一种叫婆婆纳的草，在我的故乡最常见。相隔千万里，它居然也来了。天地有多大，草木就走多远。海的胸怀天空的胸怀，都不及草木的胸怀，它把所有有泥土的地方，都当作故乡。

"草木有本心，何求美人折。"是啊，草木不伪不装，自然天成，大美不言。

| 赏·品悟 |

古语说得好，草木无情人有情。然而细读丁立梅的文章，花花草草都具有了人的品性，不，是高于人的品性。正是因为草木都长着一颗玲珑心，天真无邪，纯洁善良，所以在作者的眼中才是"大美"。文章采用借物抒情的手法，以女性的细心关照自然中的草木，抒写对人性美的礼赞，轻柔蕴藉，润泽心灵。

山行即事

[宋] 王质

浮云在空碧，来往议阴晴。

荷雨洒衣湿，蘋①风吹袖清。

鹊声喧日出，鸥性狎波平。

山色不言语，唤醒三日醒②。

【注释】①蘋：一种水草。②醒（chéng）：酒后神志不清有如患病的感觉，诗中指精神不振的样子。

| 诵·品析 |

　　这是一首写景诗。全诗以作者的行踪为线索，虽未见"行"字，结尾才点"山"，但诗人所写内容从浮云在空，到荷雨湿衣、蘋风吹袖、鹊声喧日、鸥性狎波，都是"山行"过程中的经历、见闻和感受，暗示诗人在"山色之中"行走，构思颇为精巧。全诗兴致淋漓，景美情浓，表达了作者对怡人山色的喜爱之情。

让人生多些"路标"

文 _ 张前　主题词 _ 目标　引领

> 善于给自己的人生之路设定"路标"的人，自然就感觉不到"行路"的辛苦了。

前几天，一位朋友找到我，向我述说了他的苦恼，他说，他整日被繁忙的工作缠绕着，天天拼了命地去应付一切，时间长了，他身心俱疲，感到无比沮丧，以至于丧失了继续生活下去的勇气。

"你的人生目标是什么呢？"听了朋友的倾诉，我问他。朋友摇了摇头。

"那么，你每天工作的目的是什么呢？"朋友又摇了摇头。

话到这里，我已经大体了解了朋友苦恼的原因，但我没有直接告诉他，而是饶有兴味地给他讲起一个十分有趣的实验：

心理学家曾经组织三组人，让他们分别向 10 公里以外的三个村子进发。

第一组人既不知道村庄的名字，也不知道路程有多远，只告诉他们跟着向导走就行了。刚走出两三公里，就开始有人叫苦；走到一半的时候，有的人几乎愤怒了，他们抱怨为什么要走这么远，何时才能走到头，有的人甚至坐在路边不愿前进，越往后走，他们的情绪也就越低落。

第二组人知道村庄的名字和路程，但路边没有路标，只能凭经验来估计行程的时间和距离。走到一半的时候，大多数人想知道已经走了多远，比较有经验的人说："大

向前、向前、向前，每个人都高唱着凯歌，意气风发大步向前行。

然而，成功路上并不拥挤，因为坚持的人不多：一部分人因为看不到曙光而心灰意冷，一部分人被困难阻挡……循着成功者的脚印，我们一起寻找他们走向成功的法宝。

概走了一半的路程。"于是，大家又簇拥着继续向前走。当走到全程四分之三的时候，人们情绪开始低落，觉得疲惫不堪，而路程似乎还很长。此时有人说："快到了！"大家重新振作起来，从而加快了行进步伐。

第三组人不仅知道村庄的名字、路程，而且公路旁每一公里处就有一块路标，人们边走边看路标，每缩短一公里大家便有一小阵的欢乐，行进中他们用歌声和笑声来消除疲劳，情绪一直很高涨，所以很快就到达了终点。

讲完这个故事，我意味深长地对朋友说，生活中，有些人整日忙忙碌碌，然而，终其一生，他们也不知道自己为什么而忙，就像蒙住双眼拉磨的驴子，时间长了，这样的人难免会感到累和苦。而另外一些人，虽然也在忙忙碌碌，可是，他们有明确的人生目标，同时，为了实现自己的大目标，他们还给每一年每一月甚至每一天都设定了小目标。这样一来，他们就能把自己的行动与目标不断地加以对照，进而清楚地知道自己的行进速度和与目标之间的距离。这些人，是善于给自己的人生之路设定"路标"的人，如同实验中讲到的第三组人，自然就感觉不到"行路"的辛苦了。

"听了你的话，我真是茅塞顿开，看来，要改变目前这种状况，我要多为自己的人生设立些'路标'啊！"朋友赞许地说。朋友说这话的时候，我看到他紧拧的眉头舒展了开来。

| 赏·品悟 |

人生之路十分漫长，我们就在人生路上设定许多个小的"路标"，当我们累了、倦了而要丧失信心之时，看到这小小的路标，便有了成就感，有了继续向前的勇气和动力，这样走一步，再走一步，在不知不觉中，在兴趣盎然中，就走到了人生的成功。

倒退着前进

文 _ 漠北　主题词 _ 倒退　前进

正因为一次次的倒退，我们的人生才拥有了前进的精彩。

　　雨后的清晨，我在月牙湖畔散步。清新的空气吹拂着，让我忘却了近来繁忙工作的烦恼。湖里，三三两两的水鸟嬉戏着，在湖面上留下一圈圈波纹。四叶草在湖堤绽放着，欢快的笑容诠释着美善的心声。我一边行走，一边思索。

　　突然，一个奇特的现象引起了我的关注。

　　湖畔的青石路上，一只翅膀——蜻蜓的翅膀，在慢慢移动着。蜻蜓不在，它遗留的独翅为什么会走动呢？看着这梦境一般的景象，我情不自禁地停下脚步，蹲下身子，仔细地观察起来。

　　这只翅膀行走的方向是从翅末向翅根的方向移动。速度均匀，方向明确。它怎么会动呢？我委实奇怪。灰色的翅翼，褐色的翅根，匀速地移动，让我感到不可思议。

　　我朝青石路贴得更近一些，想看清楚它行走的"发动机"在哪里。我朝翅膀的周遭仔细地观察，没有看到"可疑"的东西。接着，我又察看它的根部。这时，一只小小的蚂蚁，进入了我的眼帘。

　　这是一只褐色的蚂蚁。它正紧紧地咬着翅根，用力向后倒退着。由于它的色彩与翅根的色彩一样，所以很难看清楚。它与翅根似乎连成了一体。当我把它的大小与翅膀的大小做个比较时，我大吃一惊。它的身体，看上去不足这只翅膀的百分之一。可是，为什么它能够如此神奇地撼动比它大那么多的庞然大物呢？

　　我陷入了深深的思虑中。如果它以前进的方式移动这只翅膀，它能够这样顺利吗？我摇了摇头。青石路上，有从树上掉落的枯枝，有石子，有行人丢弃的杂物。假如它衔着翅膀前进，任何一个障碍物都可以阻止它的前进。巨大的翅膀，会挡住它的视野，就算要坠入湖中，它也无法看到。而后退则不然。在后退的过程中，它的身体先行探索了将要行走的道路，如果遇到障碍物，它就可以从容地改变方向，从而顺利地转身。

　　倒退着前进，才可以负担更重，旅行更远。

在我们的生活中，处处可见"倒退"的智慧。当我们把自己的座驾放到指定的停车位时，直接开过去通常没有办法达到目的，而倒车则能够顺利把车子停放在狭小的库区。当一只鸟儿想要飞得更高时，它必须先低下高贵的头颅，降落下来，回到大地寻觅食物补充自己的体能。可是，有多少人用心思索过这倒退的睿智呢？

不争一时之光，不逞一时之能，韬光养晦，蓄势待发，这不也是一种行走的"倒退"吗？这样的倒退，是不是会让我们人生的道路更加宽广，让我们生命的高度更加巍峨呢？

散步走到大光路的时候，在一家废品收购站门口，我再一次看到了同样的景象。一只蚂蚁，正拖着一只蜻蜓的翅膀，向后退着。这个看起来和月牙湖畔雷同的场面，再一次击中了我，让我领悟了人生的另一面：

正因为一次次的倒退，我们的人生才拥有了前进的精彩。

| 赏·品悟 |

倒退，在大部分人的字典里是个贬义词。然而有时倒退却是为了更好地向前。一只小小的蚂蚁为了拉动比自己身体大几十倍的蜻蜓翅膀，选择了倒退着前进，这样它就可以在遇到障碍时，从容地改变方向，从而顺利地前行。生活中的我们，也会遇到人生的艰难险阻，别忘了，"倒退"也是一种解决问题的好方法。

枕上述梦

[宋] 陆游

江湖送老一渔舟，清梦犹成塞上游。

生马驹驰铁蹄腕，古铙歌奏锦衣裓①。

玉关雪急传烽火，青海云开见戍楼。

白首不侯非所恨，咿嘤床簀②死堪羞。

【注释】①裓（gōu）：直袖单衣。②床簀（zé）：床席。

| 诵·品析 |

　　这是一首咏怀诗。首联交代诗人闲居在家的境况；颔联借梦境抒发了希望收复北方失地，国家统一的赤热爱国情；颈联借古讽今，表达了作者壮志未老，仍然渴望朝廷重用自己，一展抱负；尾联写自己壮志难酬的悲愤。全诗借梦境抒怀，与现实形成鲜明的对比，巨大的落差造成情感上的跌宕，更突出诗人驰骋战场、收复失地、建功立业的强烈愿望。

倾听的艺术

文_[瑞典]亨宁·曼凯尔　孙开元编译

主题词_倾听　品质

请不要责备岁月的无情生活的残酷，请不要理怨人情的多变世道的难测，请不要用泪水来作为不幸命运的反抗。生命里需要一双执着的脚，更需要一个智慧的头脑。拿出你的智慧，善于倾听、巧妙借力，你就能突出重围，轻松走在生命的大道上。

> 只要我们能够懂得倾听，就能够将人类的伟大史书投放进无尽的宇宙中

我当初来非洲的目的只有一个：用欧洲人以自我为中心之外的一种视觉来看看这个世界。我也可以去亚洲或南美，之所以选择了非洲，是因为去那里的机票最便宜。

我来了，而且住了下来。在将近 25 年里一直断断续续地住在莫桑比克。我过着横跨两大洲的生活，一只脚站在非洲沙地上，另一只脚站在从小在那里长大的瑞典忧郁的诺尔兰郡的积雪中，我这样做是想要清晰地观察世界、理解世界。

说起我在非洲学到了什么，简而言之就是从一则关于人为何有两只耳朵和一条舌头的寓言那里学到的智慧。那么为何如此？也许这则寓言是要告诉我们应该用比说话多一倍的时间来倾听。

在非洲，学会倾听是一个人处世的基本品质。这是一个在现今西方世界里正在失去的品质，那里的人们好像都没有时间、甚至没心思去听别人在说什么。就拿我自己来说，我在接受电视台采访时，我回答一个问题的速度不得不比十年前、甚至是五年前要快得多。好像我们已经完全失去了倾听的能力，我们口若悬河地说着，最后因遭遇沉默而告终，那是因为你虽然说得很多，但并不是对方想听到的，所以只好以沉默来逃避。

南美的一些文学曾经改变了我们对于人类状况的看

法，现在轮到非洲文学了。非洲大陆各个地方的人们都喜欢写故事、讲故事，这里的文学能让我们以一个全新的视觉来看待人类状况。莫桑比克作家梅亚·考图把文学语言和听到的口头传说结合在一起，创作出了大量非洲魔幻现实主义作品。

如果我们善于倾听，就会发现很多非洲人的叙事方法和我们平时听到的有着完全不同的风格。当然这样说过于简单，不过很多人知道，西方文学通常都是直线型的，从头一直叙述到尾，其中没有多大的空间和时间的转换。

在非洲就不是这样的，非洲的故事形式非常活泼，经常是在时间上来回跳跃，并且过去和现在合在一起。两个大活人正在说话，可能突然来一个人不慌不忙地插话，而这个人已经去世了很久。我只是举个例子。

据说居住在喀里哈里沙漠的游牧民们至今仍然保留着一边整天游走，一边互相讲故事的习惯，在做这些事的同时，他们还在搜寻着可行的路线和野兽，然后狩猎。他们经常是在讲一个故事时，又想起了另一个故事，有时候会把三四个故事同时讲了起来。但是在回到过夜的聚居地之前，他们不是设法把这几个故事结合在一起，就是把它们合理地拆分开，给每个故事赋予一个独立的结局，让你听起来合情合理。

几年前，我作为艺术顾问在莫桑比克首都马普托市工作了一段时间。一天，我在马普托郊外的一个石头长椅上坐了下来。那一天很热，我们刚刚排练完节目，我想到外面避一下暑气，渴望着能有一阵凉风吹过来。两位非洲老头正坐在那个长椅上，好在还有我一个位置。非洲人很是热情，不仅会像兄弟姐妹一样地和你分享一瓶水，即使一小片阴凉，人们也会慷慨地让给你。

我听到这两个人谈起了一位不久前刚刚去世的老人。其中一个人说："那天我去他家里看他，他给我讲起了他年轻时经历过的一件奇异事。这个故事很长，到天黑时还没讲完，我们说定，第二天我再来接着听。但是当我第二天再到他家时，他已经死了。"

另一个人陷入了沉默。我坐在长椅上没动，想听听他对这件事到底做出何种反应。许久之后，他终于开了口。

"这么就死了真够冤的——他还没讲完他的故事。"

这两位老人的话让我深受触动，如果给我们这些生活在今时之人起个名字，比"现代人"一词更准确的叫法也许是"叙事人"——也就是讲故事的人。我们和动物有一个本质的区别，那就是我们能够倾听其他人的梦想、恐惧、快乐、忧伤、追求和成败，反过来，其他人也会倾听我们。

很多人会犯的错误就是把信息和知识混为一谈，其实这是两种不同的事情。知识涉及到对于信息的理解，知识涉及到倾听。

只要我们能允许自己偶尔安静一会儿，人们的口头文学就会生生不息地继续下去。很多的文字都将如写在风中和沙中一样短暂，或者消失在并不牢靠的数字技术中，但是人们的讲述却会生生不息，只要人们能够倾听。那样的话，我们就能够将人类的伟大史书投放进无尽的宇宙中。

谁知道呢，也许在那个遥远的世界里也会有人，正在等待着倾听……

| 赏·品悟 |

倾听，侧着耳朵听。倾听，又不仅是简单地用耳朵来听，它更是一门艺术，学会倾听是一个人处世的基本品质，是对别人的尊重，也是一个人有涵养的集中表现。作者感受非洲倾听艺术的美好，联想到今天我们众多人正在失去这种品质，告诫我们只有学会倾听，其他人也才会倾听我们。自媒体时代成长中的你，学会倾听了吗？

蜻蜓也能飞越大海

文 _ 赵元波　主题词 _ 蜻蜓　借力

既然蜻蜓都懂得凭借外力，创造飞翔神话，飞越茫茫大洋，更何况人呢！

一个年轻人总想成就一番事业，可是他一无资金，二无技术，家里只有一大片山林地。他也知道，仅凭这片山林地，土里刨食，是不会有大的作为的，只能混个温饱而已。

一天，他在书上看到了这么一个故事：一位生物学家发现了一个奇怪的现象，每年 10 月，印度洋岛国马尔代夫都会迎来数百万只蜻蜓，如同一场盛大的蜻蜓聚会。几天以后，这些蜻蜓便会神秘消失，不久这些蜻蜓便出现在了离马尔代夫约 9000 多公里的非洲大陆，蜻蜓的生存离不开淡水，在由马尔代夫到非洲大陆的茫茫印度洋上，根本不可能有淡水，这些只有一双薄翅的小小昆虫，竟然创造了史诗般的飞翔奇迹，这是令人无法想象的事情。须知，每年的这段时间里，蜻蜓所经过的海域和陆地都是风雨交加，弱不禁风的它们，如何找到淡水，穿越南亚大陆和非洲大陆中间几千公里的大洋呢？

经过多年的观察和研究，生物学家最终发现了这些蜻蜓成功飞越大洋的秘密，答案正是人们担心的风雨。每年的10月份到12月份，位于印度洋低空的季风都会从南吹向北，这对于从北向南迁徙的蜻蜓大军来说是可怕的麻烦。但是，在1000米以上的高空，会有一个叫作"热带辐合带"季风系统从印度向南移动，越过马尔代夫，直到非洲大陆。好风凭借力，蜻蜓们正是通过提升飞翔高度避开了逆风，然后借助这个季风带的力量，完成了这看似不可能的长途旅行。而也正是因为有雨水，当它们在岛屿和陆地上前进时，才可以及时补充能量。

翅膀单薄的蜻蜓，因为善于借助季风的力量，所以它们能飞越数千公里的茫茫大洋，创造了令人类也望尘莫及的飞翔神话。

年轻人恍然大悟，既然蜻蜓都懂得凭借外力，创造飞翔神话，飞越茫茫大洋，更何况人呢！

于是，他以山地作为抵押，向银行申请贷款，取得畜牧部门的技术支持，办起了绿色生态养殖场。"好风凭借力，送我上青云"，他凭借山上清新无污染的环境，打出绿色招牌，不断扩大规模，最终实现了自己的人生梦想。

| 赏·品悟 |

"好风凭借力，送我上青天。"一个人，纵然是天才，也不是全能的。要想取得事业的成功，需要学会借助他人的才智。蜻蜓之所以能飞越沧海，原因在此，年轻人之所以能实现人生梦想，原因也在此，正跋涉在成功路上的我们，为什么就不能像蜻蜓一样，善借他人之力，成就自己的梦想呢？

郊行即事

[宋] 程颢

芳原绿野恣行¹时，春入遥山碧四围。

兴逐乱红穿柳巷，困临流水坐苔矶。

莫辞盏酒十分劝，只恐风花一片飞。

况是清明好天气，不妨游衍²莫忘归。

【注释】①恣行：尽情游赏。②游衍：是游玩溢出范围的意思。

| 诵·品析 |

　　这是一首写景诗。诗人描写了清明时节原野上清新的景致，将追逐落花的小游戏写进了诗里，在平添几许稚趣的同时，劝说世人珍惜友情、珍惜时光。全诗构思紧扣"恣行"二字，先写"恣行"的环境，及诗人"恣行"时的心情。接着以"兴逐""困临"两个典型的细节具体写诗人"恣行"的情状。最后两联写诗人"恣行"的感受和体悟。全篇借景抒情，从自然之景引发对生活的感悟，这又体现出理学家对生活的理性思考，耐人寻味。

不如与雪鸮为邻

文_李庆桂　主题词_黑雁　智对

遇到强大自己多倍的对手，与其无效反抗，不如借力使力，以达到保护自己的目的。

身体强壮的母雪雁和头脑聪慧的母黑雁，每年夏天都要飞往北极产卵。它们有一个共同的敌人——北极狐，狡猾的北极狐喜欢以新鲜的雁蛋做早餐，而一只母雁一年仅可以产5颗珍贵的雁蛋。

雪雁体型庞大，过着群居生活，它们通常依靠强大的群体力量，击退北极狐的进攻。可是，北极狐并未被雁群的气势所吓倒，它的优势很明显，行动迅速、身手敏捷，它总会千方百计地将成年雁赶出巢穴。最终，热乎乎、圆滚滚的雁蛋还是被北极狐叼到嘴里。回望雪雁夫妇伸长脖颈围着残损的巢穴哀号，北极狐一脸坏笑，撒腿点蹄扬长而去。

看来，仅仅倚仗强壮，还是不能摆脱被天敌侵袭的命运。那么，头脑聪慧的黑雁是否可以在这场战争中胜出呢？

黑雁比雪雁身型稍小，通常离群索居。夏天的北极，绿意融融，母黑雁卧在茂密的草丛中，不时掸掸羽毛，伸伸头颈，转动着机警的黑眼睛。已换上棕色夏装的北极狐巡行在广袤的原野上，这家伙看上去格外矫健潇洒。母黑雁的"避身法"可难不住它，北极狐的嗅觉可以灵敏地嗅到几千米外的食物。这天，母黑雁正独自待在巢穴里，它的伴侣到外面觅食去了。这正是北极狐下手的好时机，想到将会有新鲜的雁蛋吃，北极狐开心地甩了

生存是一件极其艰难的事情，而智慧恰恰是解决所有难题的灵丹妙药。大自然是神奇的，经过亿万年的进化，动植物们早练就了一套独特的生存本领，它们的生存智慧，在当今竞争日益激烈、物竞天择的社会，有时真的需要好好学习。

甩骄傲的尾巴，一步一步向母黑雁逼近。正在这千钧一发的时刻，随着一声尖利的嘶鸣，一只雄雪鸮从天而降，展爪掠向北极狐的眼睛。如果不是躲闪及时，英俊的北极狐早就成了独眼狐，它只得飞速逃离，再也不敢试图在周围觅食……

原来，聪慧的母黑雁是"择邻而居"，它把家建在猛禽雪鸮的巢穴附近。雪鸮要保护自己的孩子，所以它决不允许北极狐靠近它们的巢穴。当北极狐来袭时，母黑雁只需坐观其变，让邻居肩负起抵御入侵者的重任即可。

"知人者智，自知者明"。遇到强大自己多倍的对手，与其无效反抗，不如借力使力，以达到保护自己的目的。

| 赏·品悟 |

"知人者智，自知者明"出自《道德经》第33章，是说了解别人的，是聪明人；了解自己的，是有智慧的人。母黑雁知彼知己，择邻而居，借助雪鸮的力量，保护了自己，完成了养儿育女的重任。生活中的我们，当遇到困难挫折，面临险境之时，是否也有勇气、有智慧借助于他人的力量，达到保护自己、化险为夷的目的呢？

生存的智慧

文 _ 魏玉生　主题词 _ 动植物　生存

善待生命，尊重生命，敬畏生命。这是人类得以继续生存的大智慧。

盛夏的午后，蝉歌嘹亮。浓荫密缀的小树林，风吹动叶子，发出沙沙的响声，如同一群绿色的蝴蝶边舞边歌。几声清脆的鸟鸣引起了我的注意，我循声观望，绿叶间两只麻雀时隐时现。我毫不犹豫地认定那是母子俩——从那只成年鸟儿的眼神和动作中我感受到了一种无可替代的关爱。它的嘴里含着一条青虫，正慢慢地靠近它的孩子—— 一只小麻雀拼命张大嫩黄的嘴巴，不断抖动娇小的双翅，嘴里发出稚嫩的、没有任何顾虑的喊叫声。

我的迫近引起了老麻雀的警觉。它用严厉的目光呵斥住孩子撒娇般的声音。我的动作已经够轻够慢，我的注视足够温暖柔和，为何它仍然怀有如此的敌意？

我继续挪动脚步，仰头费力地观看——我几乎和它们处在了垂直的位置。这时，意想不到的一幕出现了，那只老麻雀竟然像一朵被风吹落的花，扑棱着双翅斜斜地向前坠入草丛。是一只受伤的鸟儿！这个念头迅速在我的脑海闪过。难道是因我的打扰让它受到惊吓而掉落？在好奇心的驱使下，我没有选择离开，而是继续靠近欲探究竟。在我再次靠近后，草丛中的麻雀再一次艰难地贴着地面飞逃，几次起落，小树林已远远地落在了我的身后。就在这时，那只再一次跌落草丛的麻雀，突然间就恢复了往日的神勇和矫健，双翅一抖，瞬间消失在了前方。

我的内心慢慢地蓄满哀伤：是怎样的经历，让一只鸟儿挖空心思，欺骗一个对它没有任何设防的人？

那一日，我照例到阳台看望一对即将产蛋的牡丹鹦鹉，却发现了一个意外的现象：其中一只鸟儿羽毛蓬松，身上沾满木屑，像一个蓬头垢面的病孩子。莫非是发生了什么状况？看到我的靠近，那只鸟儿迅速钻进了事先为其准备好的箱巢内。几分钟后，就在我仍然为它担心时，那只鸟儿又从巢内出来了，这次却是羽毛紧束，神采奕奕。到底是怎么回事？我退出阳台，躲到暗处，总算看清了事情的真相。那只浑身金黄、面色桃红的鸟儿，用它坚硬的喙，将木质的栖杠撕扯下如牙签大小的一段，别到翅羽中间。它锲而不舍地重复同样的动作，不一会儿，就把自己变成了一只长着羽毛的"刺猬"。然后，它艰难地回巢，带着这些精心选制的建筑材料。

这只鸟儿让我充满了由衷的敬意。我甚至想，将来它的孩子，或许可以重回自然的怀抱。

秋风萧瑟，草木凋零，寒冷的日子越来越近了。我缩着脖子，裹紧了身上的衣服，抬头看阴冷的天空，却发现枝头一片片枯黄的叶子从从容容地飘落下来，那样沉着，那样安详。年少的时候，我总是不明白，为什么在人们不断往身上添加衣服的时候，大树却脱下昨日的盛装，赤裸着身体在寒冷中颤抖？长大以后我终于懂得，落叶的树，在艰难中选择放弃，是为了更好地感受前路的春暖花香。

冬天里，当我们躲在屋内享受现代科技带给我们的温暖的时候，是否听到，窗外银色的世界里，正传来一曲迎接春天的歌。

一棵主干需几人合拢才能围起的千年古树，如果连根拔起，不伤之毫厘，其延伸到达的范围必然超出我们的想象。植物依靠强大的根系，得以挽留住土壤和水分，并从中获得生存需要的营养供给。这些上帝的好客的孩子，招呼蚯蚓、蚂蚁和它们做邻居，收留无家可归的鸟儿，邀请斑斓的蝴蝶参加集体舞会……

也正是有了这些看似柔弱的根，才使它们能够坚强地面对残酷的烧杀掳掠。

苍耳躲在大动物温暖的背上长途旅行，蒲公英在风的吹拂下飘向远方，果实利用甘甜引诱动物并使种粒在动物排出的粪便中萌芽，花朵散发香气招来蜂蝶并在蜂蝶的帮助下完成受孕……

相对于人类，植物的生存、繁殖方式是那样的充满智慧又温文尔雅，它没有排他性，没有侵略性，在互利共荣的基础上实现了最持久的生存。

善待生命，尊重生命，敬畏生命。这是人类得以继续生存的大智慧。

| 赏·品悟 |

麻雀挖空心思的欺骗，鹦鹉锲而不舍地挑选建筑材料，植物的落叶、扎根、传播种子……大自然中生命的生存都有自己的智慧。抛开人的好恶，站在生命的角度上，动植物为生存而散发出的智慧光芒，在生存技能和生存态度方面，是值得人类尊敬与学习的。

每日一诵

送温台

[唐] 朱放

眇眇天涯君去时，浮云流水自相随。
人生一世长如客，何必今朝是别离。

| 诵·品析 |

这是一首送别诗。诗歌开篇"眇眇天涯"表现了诗人对朋友离去的担忧之情；"浮云流水"借景抒情，表现了不舍之情。后两句别出新意，说既然人生一世都是匆匆过客，那我们又何必哀叹今日的别离呢？直抒胸臆地表达了诗人面对别离的豁达，对朋友的宽慰，与王勃"无为在歧路，儿女共沾巾"有异曲同工之妙。

蚕是被自己的丝裹住的

文_毕淑敏　主题词_　自缚　舍弃

> 你明知你的茧，是你自己吐出的丝凝成的，但你却为自己找了种种的借口，你向你的丝退却了。

蚕是被自己的丝裹住的，这是一个真理。蚕丝是一寸一寸吐出来的，在吐的时候，蚕昂着头，很快乐很专注的样子。蚕并没有意识到，正是自己的努力劳动，才将自己的身体束缚得紧紧的。

其实，作茧自缚的情况，绝不如想象的那样罕见，它们广泛地存在于我们周围，空气中到处都飘荡着纷飞的乱丝。钱的丝飞舞着。很多人在选择以钱为生命指标的时候，看到的是钱所带来的便利和荣耀的光环。钱是单纯的，但攫取钱的手段却不单纯。把一样物品作为自己奋斗的目标，它的危险，不在于这桩物品的本身，而在于你是怎样获取它并消费它。

钱是温柔绚丽的，也是飘浮迷茫的，钱的乱丝令没有能力驾驭它的人窒息，直至被它绞杀。爱的丝也如四月的柳絮一般飞舞着，迷乱着我们的眼，雪一般覆盖着视线。

记得我学习医科的时候，教授讲过这样一个故事。一名新护士值班，看到衰竭的病人呼吸十分困难，用目光无声地哀求她——请把氧气瓶的流量开得大些。

出于对人的悲悯，加上自身特有的胆大，她就在不曾请示医生的情况下，私自把氧气流量表拧大。气体通过湿化瓶，汩汩地流出，病人顿感舒服，眼中满是感激的神色，护士就放心地离开了。那夜，不巧来了其他的重病人。

因为年少气盛，我们总是拼命抓住本不属于自己的东西，马不停蹄地往前追；也是因为年少气盛，我们常为自己狡辩，因而我们常常会与成功失之交臂。其实，蚕是被自己的丝裹住的，鱼儿之所以能自由自在，在大海中穿梭，是因为它们懂得舍弃。放下该放下的，守住该守住的，我们才能轻装向前，欣赏到一路旖旎的风景。

当护士忙完之后，抹着一头的汗水再一次巡视病房的时候，发现那位衰竭的病人，已然死亡。究其原因，关键的杀手竟是——氧气中毒。高浓度的氧气抑制了病人的呼吸中枢，让他在安然的享受中丧失了自主呼吸的能力，悄无声息地逝去……丧失节制，就是如此恐怖的魔杖。它令优美变成狰狞，使怜爱演为杀机。

这当中的奥秘，需每一个人细细揣摩练习。还有工作的丝、友情的丝、陋习的丝、嗜好的丝……或松或紧地包绕着我们，令我们在习惯的窠臼中难以自拔。逢到这种时候，我们常常表现得很无奈很无助，甚至还有一点点敝帚自珍的狡辩。常常可以听到有人说，我也知道自己的毛病，也不是不想改，可就是改不掉，我就是这样一个人了……

你明知你的茧，是你自己吐出的丝凝成的，你挣扎在茧中，你想突围而出却遇到了困难，这是一种必然。但你却为自己找了种种的借口，你向你的丝退却了。

茧破裂的时候，是痛苦的。茧是我们亲手营造的小世界。茧的空间虽是狭窄的，也是相对安全的。甚至一些不良的嗜好，当我们沉浸其中的时候，感受到的也是习惯成自然的熟悉。打破了茧的蚕，被鲜冷的空气，闪亮的阳光，新锐的声音，陌生的场景……刺激着，扰动着，紧张的挑战接踵而来。

这种时刻的不安，极易诱发退缩，但它是正常和难以避免的，是有益和富于建设性的。你会在这种变化当中，感受到生命充满爆发的张力，你知道你活着痛着并且成长着。有很多人终身困顿在他们自己的茧里。这是他们自己的选择，当生命结束的时候，他们也许会恍然发觉，世界只是一个茧，而自己未曾真正地生活过。

| 赏·品悟 |

"天下熙熙皆为利来，天下攘攘皆为利往。"这个世界上的大多数人都被利诱惑着，为利而奔忙着，然而太多的诱惑，太多的利益，弄得我们身心疲惫，与幸福无缘。其实，若只为这些，就像蚕单单沉睡，就会被自己的丝裹住。若懂得舍弃，敢于放下，就像蚕能痛苦地咬破自己的茧，就能完成生命的蜕变——羽化成蝶。

一生自由

文 _ 鲍尔吉·原野　主题词 _ 鱼　自由

鱼之余不在别处，在自由。

动物里，只有鱼像雕刻工艺品。几百枚云母片对称粘在鱼身上，叫鱼鳞。每一片鱼鳞如一片贝壳，比人的指甲更圆，是鱼的铠甲。

鱼在水里漫步，却没有脚。它始终在沉思，水让鱼沉默并成为习惯。

人的身体有正面与背面，对鱼来说，是左面右面。鱼的侧面显示出它的工艺之美；鱼鳞一片覆盖另一片的美，只有鸟羽堪相比美。它的古典主义的手法让人感到上帝的审美意识始终留在古罗马时期，并没追随人类进步。鱼鳞之美跟数学相关，跟矩阵相关，当然跟功能更相关。上帝比任何人都讲实用主义。上帝让人与动物先获得功能，尔后美。而美这件事实如电流与灯泡的关系，存在事先预定的契约。灯泡遇见酒不亮，遇见金条也不亮，碰上电流才亮，一种美得到所有人的称赞就脱离了真美。美存乎不经意间，于说不出间，在苍茫深处。

鱼生而有水，比牛羊生而有土还要幸运。水没有天空大地之分，内外都是水。水不用深耕，水没有四季，鱼在水里不用做窝也做不成一个窝。透明的水让所有水生动物变成了一家。

鱼在汉字里跟"余"谐音，古代没出现过产能过剩，余裕就好，满仓满屯都好。鱼跟余沾了光，成为年画的题材。光屁股童子怀抱大红鲤鱼约等于江山永固，还显出美，比抱肥猪好看。鱼没有四肢，无论怎样肥都看不出累赘。鱼其实很肥嘛，没见过瘦骨嶙峋的鱼。天生肥的东西还有藕与白玉兰。江湖之大，怎么能瘦了一条鱼？水比土地更富有，对万物更慷慨。

池塘的鱼群居，也起哄，为一片面包而厮抢。上帝没让鱼长出手和脚来，它们用嘴顶着这片面包走，而不能像足球流氓那样连打带踹。不知面包后来去了哪里，鱼群红的脊、黑的脊在石头上开花。

鱼有一个静默的世界，它不知道残花落地的微音，也不知道鸟用滑稽的声音预告黎明。鱼的力量拧在尾巴上面。没人见过鱼在河里辞世的情景。

　　姓于的人不承认"于"跟"鱼"有什么联系，但起名爱跟水发生联系。谁都知道鱼的氧气在水里，离开水鱼就憋死了。中国的于姓人氏，带着无数涉及江海的名字，他们心里还是挂念着鱼，尽管也吃鱼。

　　鱼和鸟一样，一生自由，空气和水赋予它们自由。海洋里的鱼多么自由啊，一生是游不完的旅途。从水里遥望天色，太阳仅仅是一片模糊的光团，下面渊深无际。鱼游海里，恰如鱼在天空飞翔。鱼之余不在别处，在自由。

| 赏·品悟 |

　　"自由啊！"一个看似轻松，其实却是无比沉重的话题，每个人都期待着自己能够拥有自由，而又有谁真正追求、争取过自由呢？原因无他，皆是因为人没有鱼的沉默，没有鱼的豁达。得到一样东西，必然会失去另一样，取舍之间全在于你个人的选择。这样的选择，你做好了吗？

秋夕寓居精舍书事

[唐] 卢汝弼

叶满苔阶杵满城，此中多恨恨难平。

疏檐看织蟏蛸①网，暗隙愁听蟋蟀声。

醉卧欲抛羁客思，梦归偏动故乡情。

觉来独步长廊下，半夜西风吹月明。

【注释】①蟏蛸（xiāo shāo）：一种蜘蛛。身体细长，脚很长。多在室内墙壁间结网。通称"喜蛛"或"蟏子"。

| 诵 · 品析 |

这是一首乡思诗。诗人写秋日乡思，依情取景，包括"苔阶叶""满城杵""蟏蛸网""蟋蟀声"等，营造了一种萧条冷落、空寂悲凉的意境，渲染了羁旅乡思的愁苦。后两句写作者的感受，因为思乡不能入眠，只能在长廊下独步，皎洁的月色更增添了思绪的愁苦，情景交融，感人至深，历来脍炙人口。

淡定是一味药

文 _ 积雪草　主题词 _ 淡定　良药

人生就是一次长跑，输赢得失都是暂时的，从容淡定，张弛有度，才是人生的大智慧。

我曾亲眼见过这样的场景：一群蚂蚁在大雨即将来临的时候，敏感地嗅到了危险，它们成群结队，开始了有条不紊的搬家行动，没有忙乱，没有不安，没有躁动，只有紧张而忙碌的工作，把家搬到另外一个安全的地方。

我也曾亲眼见过这样的场景：一场大风把屋前树上的鹊巢吹落到地上，那些用嘴一根根衔来的草棍，瞬间四散落地。我以为，这些鸟鹊会迁徙，会搬家，或者心生火焰，自暴自弃。谁知没几天，屋前的树上又挂起了一个新的鹊巢。

我也曾亲眼见过这样的场景：母亲在院子里种了几棵桃树，当桃花谢了，青桃像指甲般大小的时候，几个调皮的孩子趁母亲忙碌的空当，把青桃揪落一地，连叶子也没有放过。我以为母亲会发火，去找孩子的家长，那些青桃毕竟倾注过她的心血，施肥、洒药。谁知母亲淡淡地笑了，只说了句，这些顽皮的孩子。

这样的场景，人生之中，会遇到很多，温暖、感动。那些淡定的处世方式，充满了人生的智慧。

当然，我们每个人也会遇到另外一些不同的际遇。

比如辛辛苦苦，努力工作，费了很大的劲儿才搞定的一个客户，不承想，半道上被另外一个同事"劫"去了，而上司却指责你，批评你。

比如多年的朋友，却因为一件小事产生了误会，朋友痛心疾首，讽刺你、挖苦你，甚至不理你。

淡定，不是看破红尘，不思进取，它是历尽沧桑之后的豁达，是从容、沉稳和淡然。人生需要淡定，淡定地应对工作和事业，才能够享受生活的赐予，体面地生活。在当今浮躁的时代，人们面临的诱惑很多，拒绝诱惑，守住心灵，淡定这一品质不可或缺。

比如你凭良心出发，做了一件好事，却被人误以为你沽名钓誉，另有企图。

比如同学聚会，当年不如你的同学当了"大官"，当年不如你的同学当了教授，当年不如你的同学发了大财，当年不如你的同学都比你有出息。

比如早晨开车出门，心情很好，却被另外一辆走反道的车亲密接触了……

这种时候，你会淡然地一笑了之，还是怒发冲冠，心中燃起小火苗？

其实怒发冲冠，只能使小事变大，大事变得心中装不下，非但于事无补，还会把事情推向另一个极端，于人于己无半点益处。

这种时候，淡定是一味良药，因为淡定能够熄灭内心汹汹的火焰。君不见淡定的"淡"字，左边是水，右边是火，水浇在火上，水止火灭。遇到天大的事，只要心里揣着淡定这味药，就不会捅出娄子。

杜甫有诗：水流心不竞，云在意俱迟。滚滚红尘之中，人不能把欲望、追逐放在第一位，要给心灵留一方空间。

菊花是淡定的，经霜而不气馁，傲然枝头。兰花是淡定的，深山幽谷，静吐暗香。荷花是淡定的，淤泥之中，亭亭玉立。梅花是淡定的，冰雪之中，芬芳吐蕊。淡定是一种品格，淡定是一种境界，淡定是一种优雅，淡定更是一种智慧。

淡定这个词，是最近这两年使用频率很高的一个词，成了大度、不计较的代名词。淡定这个词，看似消极、退让，实则是给生命一些空间。人生就是一次长跑，输赢得失都是暂时的，从容淡定，张弛有度，才是人生的大智慧。

淡定是一味药，失去从容，方寸大乱时，不妨用用淡定这味药。

| 赏·品悟 |

淡定是起自心底的淡然，行云流水的超脱，空山禅絮的透破。淡定更是一种修养，一种境界，一种对世事的领略和彻悟。文章从阐述淡定的内涵入手，说明淡定处世是人们应对内心浮华的一剂良药。比喻的说理，散文化的语言，让作品字字珠玑，点亮心灵。

我们总是需要很多修炼

文 _ 庄雅婷　主题词 _ 体面　修炼

体面是一种你可以得到的长久的尊重。

体面是需要入世修炼的，修炼好之后可以轻松打败青春、美貌、多金、聪明等各种选项——因为体面是一种你可以得到的长久的尊重。

我跟你讲，做传奇女性和成功人士是很艰辛的，就算他们甘之如饴，在我等世俗中人眼里日子也太苦了。赞扬一个女人，用传奇、优雅、时尚、摩登、聪明等关键词，赞扬一个男人，英俊、才华、富有、强势等，都一律比不过"体面"两字来得淡定从容。

体面从字眼上分析就知其本意：得体，上得了大场面。这是以上"优雅"等字眼经过处世智慧变得圆融通达后的整体气质。你别以为化好妆，穿一身昂贵套装，搭配闪烁珠宝就可以称为体面，弄不好那是沐猴而冠也说不定。也别以为存折上一串零然后穿手工定制西装，开顶级跑车，就让别人挡住眼睛不敢直视。体面是需要入世修炼的，修炼好之后可以轻松打败青春、美貌、多金、聪明等各种选项——因为体面是一种你可以得到的长久的尊重。

一个人长得不用太好看，但扔到世界各地用各种审美来看都不算难看的，那就叫体面；两个平时长相、穿戴、家境都差不多的姑娘去参加正式晚宴，一个可能穿得偏保守了，但另一个穿得薄透露紧跟疯了似的，后者就叫不体面；明明那个男人不值得爱，却偏等到对方提出分手还抱着腿死缠烂打的，这事肯定是不体面；明星也一样，非要在夜里戴着墨镜生怕别人认出他来的，那也一样不体面；一个男人总是充满抱怨，抱怨社会黑暗、抱怨姑娘虚荣、抱怨朋友势利，用抱怨来掩盖失意，这当然还是不体面。而就算是个普通格子间的小职员，若衣着整齐、神情平和、工作敬业、自我认知和定位准确，他看起来同样是体面的……

所以，体面将很多极致特质中庸化、圆润化了，这中间充满了一种叫作"克制"的元素。更涉及到自我定位的悟性，既能准确认识自己，也能正确认识别人。从细微处说，无论在穿衣打扮、工作娱乐、恋爱婚姻、社交圈名利场等各种场面中，都不要急于把自己弄成全场最耀眼的火鸡，别让谁都能一眼看出来你眼睛里只有"想要"这两个字。

是的，现在的人都太渴望成功了，男人们甚至干脆把"成功"两字挂在嘴边，虽然他们不会那么恶俗地张口就是金钱和美女，但包装成事业与爱情也没见好到哪里去。反正就是一切都为了赚钱，赚到钱以后干脆就以人生导师自居，坚信自己的经验和生活是最正确的，时不时跳出来指点一下江山，要么就自己掏钱印点书开个展览……这简直是另一种不体面，另一种笑柄。

所以这么看起来，"体面"是一种美德，但，更是一种历世智慧。为了避免一出门见到各种大场面就惊慌失措的不体面发生，也为了在人生的漫漫长路中不至于越走越折堕，我们总是需要很多修炼。

| 赏·品悟 |

体面，词典上的意思是当个体的作为受到其所处的时空的认可或嘉许时内心的感受。习近平总书记说要让劳动者过上体面的生活。这里所讲的体面不是虚荣，而是尊严。体面是经过处世智慧变得圆融通达后的整体气质，是一个人美德的外现。在拜金之风盛行的今天，体面地生活，做一个体面的人，该是我们所有人的人生选择。

每日一诵 ···

菩萨蛮

[宋] 李清照

风柔日薄①春犹早，夹衫乍著心情好。睡起觉微寒，梅花②鬓上残。

故乡何处是，忘了除非醉。沉水③卧时烧，香消酒未消。

【注释】①日薄：谓早春阳光和煦宜人。②梅花：此处当指插在鬓角上的春梅。一说指梅花妆。③沉水：即沉水香，也叫沉香，瑞香科植物，为一种熏香料。

| 诵·品析 |

此词是李清照晚年的作品，抒发了深切的思乡之情。词作上片写早春之喜，下片写思乡之苦，一喜一苦，采用对比手法（乐景衬哀情）表达词人对故乡的思念之情。结句"香消酒未消"中两个"消"字，说明香已尽而酒未醒，可见醉得深；醉深说明愁重，愁重表明思乡之强烈，含蓄深沉地表达了对不思收复失地的南宋统治者的不满。

空 阔

文 _ 清心　主题词 _ 空阔　境界

心空阔了，身体就轻盈了。

汉字中，有一些词天生是带着智慧气息的。似深谷幽兰，清远静美，沁人心脾。

那日幸甚，深夜阅读时得遇"空阔"二字，眼前不禁一亮，犹如拨云见日，阴霾了一整天的心情顷刻就阳光明媚了。

心空阔了，身体就轻盈了。像麻雀一样，飞飞落落间，满眼皆是蓝天白云。鸟儿虽小，玩的却是整个天空，人家端的，是一份悠然自在的心境。

多么的好！花盛自心，真正的快乐，一直不在心外，只在心内。

空阔是豁达。看尽了世间荣枯，只想落个轻盈自由身。

袁宏道在《满井游记》中云："一望空阔，若脱笼之鹄。"说的是眼前的景色空阔无边，心情像从笼中飞出去的天鹅般快乐。人被框住了，就是囚，只是，纵是囚犯亦有放风的时候；若是心被框住了，漫漫人生，便只剩下独自苦苦挣扎了。唯一的救赎是去掉框框，像刚出生的婴孩一样，让心重新开阔，重获自由。

空阔是敞亮，是希望，是雨后的晴天，是雪后的净地，是冬去春来的新绿。

空阔是选择之后的放下，是放下之后的轻盈，是轻盈之后的飞翔。

空则物稀，阔则无际。这样的旷达，让人的心变大

成长的路上，很多时候，我们不是被真实的困难打倒的，大多的时候是被我们自己对困难的想象吓倒的。既然时间能抚平一切，我们何不「一蓑烟雨任平生」？如此，若干年之后，再回首那段跋涉的路途，你会发现「也无风雨也无晴」。

了，视野变宽了，目光变远了，万般纷扰霎时间皆如飞尘狂坠。

南北朝时，弘忍大师的弟子神秀作了一个偈：身如菩提树，心如明镜台。时时勤拂拭，勿使惹尘埃。慧能禅师听后，认为神秀停留在我执的境界上，尚未真正开悟，于是也作了一偈：菩提本无树，明镜亦非台。本来无一物，何处惹尘埃。意思是说，菩提不是树，明镜不是台。本来什么都没有，哪里能招惹尘埃呢？

如此佛语，真是禅意芬芳呢。

见过一个女子，奔四了，身材依旧苗条，眼神依旧清澈，笑声依旧清脆。

母亲去世后，父亲再娶。她握着继母的手，真诚的笑漾在脸上，暖暖地说："谢谢您，在以后的岁月里，愿意代妈妈照顾爸爸，我知道，您是上帝派来的第二个仙女，让我在这个世界上，又多了一个亲人。"

老公有了外遇。离婚时，她不哭不闹，十二分配合地在协议书上签了字。面对旁人惊异的目光，她说："缘分有长有短，有深有浅，不可强求。况且，离开一个不爱自己的人，是幸运的事，又何必伤心？"

自小，儿子的成绩只是中等。高考在即，许多母亲焦躁得成了热锅上的蚂蚁。为了给孩子选择一所优秀的学校，一夜一夜地失眠……她却跟平时一样，早晨依旧悠闲地去广场跳舞，下班后继续打开电脑做自己的平面设计……

有人问："你为什么不着急？"

她笑着反问："我为什么一定要着急？"

"难道你不担心儿子的前途？"对方又问。

她再次反问："你为女儿做了那么多，孩子感受到爱了吗？真正的爱是无条件的。无论儿子考上大学与否，我都爱他！况且，孩子都18岁了，他有权利选择自己的道路，并对自己的未来负责。"

一颗心要多么空旷开阔，才能达到如此境界！

许多人不快乐，就是因为心里装着太多小。这些小拥挤着，像小兽的齿，啃噬着那颗蠢蠢欲动的心。聪慧的女子，懂得适时把那些紧迫的小扔出去，如此，不管她的年龄是春华还是秋实，心灵脱盈之日，即是生命晴天阔地之时。

| 赏·品悟 |

空阔，指广阔而没有阻碍视线的东西，运用于人，指的是豁达、旷远之意。唐朝有诗歌"对吟空阔之情，复感神仙之术"，说的就是空阔之心。俗语言"宰相肚里能撑船"，也是指空阔。因为空阔，所以能容得下天下难容之事；因为空阔，所

以能让自己的内心宁静，懂得舍弃那些诱惑自己的东西。让自己的心际空阔起来吧，只有这样，你才能听得见花开的声音。

笑看云聚云散

文 _ 延参　主题词 _ 豁达　坦然

从现在开始，在豁达的心态中坦然笑对人生，一心一意走好自己的路，生活就一定有意义……

人似秋鸿来信，事如春梦了无痕。世事无常，人事沧桑，浮沉起伏，几度秋凉。秋鸿有信，季候到了应约而来，就像人生的许多事情，应处理的事要处理，乐观面对，积极努力。季节的尽头，多少往事都已静静地远去，人间的许多恩怨情仇风来则应，风去不留，过去了就放下，无须纠缠，一如春梦，不留痕迹。

曾经所有的故事，即便清晰如临，历历在目，终究还是隔岸看花，时光会把哪怕只是前一分钟也隔断成永远无法企及的距离。岁月不仅会苍老我们的容颜，也会苍白所有的往事，所有的诺言都会随风化作一声声幽幽的叹息，唯有岁月的风霜铭刻在一路走来的脚印里。

苦与乐，是一对冤家，却又常常形影相随。有时互相交替，有时互相融合。最大的欢乐，通常包含在巨大的艰辛之中，犹如明珠潜藏于深海，宝藏掩埋于山岳。有时候很多我们不愿意发生的事情，越想逃避，就越会撞个正着，因为世事无常，一切皆有可能，所以不如锻炼自己面对一切的从容与坦然。人生很多事情无法确定它究竟是对是错、是好是坏，常常是感觉非常失意时突然看到一片更灿烂的阳光。不要把顺与逆、得与失、聚与散看得太重，看重了岂不大喜大悲？

人生如戏，纷纷扰扰，真真假假，如梦一场。每个人都有一部戏，我们彼此互相穿插演绎着彼此的生活与世界。因为有了你和我在彼此人生中的出现，互相的生活才变得更加精彩丰富。你演活了我人生的痛苦与快乐，我丰富了你的人生。感动与同情，激动与鼓舞，伤心与难过，愤怒与仇恨，我们经历这一切一切，但是心里清楚地知道这只是一场戏而已，哭过笑过也就过了。

人生的路，很难会有谁一直陪伴着我们走过，更多的是仅仅陪我们走过一小段距离的人，也许是与我们相扶相持地走过了一段崎岖不平的道路，也许是在一段风景不错的路途上同我们一起笑了一会儿，我们同样心存感激。我们就这样走着，看似漫长的人生岁月其实一晃就过去，当我们回过头来看时，阳光暖暖地照着，微风轻轻地吹着，花儿静静地开着，身边来来往往的人，有多少是擦肩而过的，有多少是刻骨铭心的，有多少是淡然如水的，其实都已无所谓了，他们都只是我们人生中的一个片段而已，但是也正是他们才让我们的一生如此的饱满充实、多姿多彩。

望长天白云卷收，看红尘沧海桑田，一时一事本无定数，可作为生命个体的人，以怎样的态度面对这一切，完全由自己掌握。登名利事业之巅，或沉情海之谷底，片刻的狂喜和刹那的消沉带给你的可能是跌宕之后的懊悔。起起伏伏间，让我们扪心自问：可以从容一些吗？

人生总要去面对许多的无奈，心灵总要经历世事的煎熬。也许尽管怎样的刻意，怎样的尽力也会在不得已中和幸福擦肩而过，与美丽隔岸凭望……十字路口的徘徊与迷茫，心路的历程总是跌宕起伏，却在痛苦地挣扎出迷雾后恍然发现，自己的身上已多了一副坚强的盔甲。风雨再次来临时，不再是恐惧，不再是怯弱，也许，我们已经学会了从容一笑，步履坦然而坚定。

朝朝日东升，夜夜月西沉，感谢生活吧，因为每一天的日子里，我们都在领悟智慧，拓展心灵空间。从现在开始，在豁达的心态中坦然笑对人生，一心一意走好自己的路，生活就一定有意义，用一张笑脸来面对人生，也就给这大千世界无限的精彩。落花流水，追逐时光远去；天涯明月，挥洒一地的清凉。云聚云散、花开花谢都是人生的风景，人生无处不风景，何不从容淡定，笑看红尘云舞花飞！

| 赏·品悟 |

人在江湖，就好像花开枝头一样，要开要落，要聚要散，往往都是身不由己的事情。既然时间能摆平一切，我们又何必对输赢的结果太认真呢？重要的是曾经走过，重要的是那份拥有，在豁达的心态中坦然笑对人生，一心一意走好自己的路，你就能比别人多看到云淡风轻、云舞花飞的景象。

田园乐（其六）

[唐] 王维

桃红复含宿雨，柳绿更带朝烟。

花落家童未扫，莺啼山客犹眠。

| 诵·品析 |

　　这是一首田园诗、写景诗。诗人以画意之笔，选取有色泽、有意蕴的景物，如桃红、宿雨、柳绿、朝烟、花落、莺啼等，构成一幅和谐而富有诗意的田园风光图，展现出居住环境的清幽与内心的宁静闲适，表达了对田园生活的热爱和赞美之情。在写法上，作品借景抒情，以动衬静，描摹细致，富有禅趣，凸显了王维诗中有画，画中有诗的写作特色。

真正的幸福

文_[日]黑柳彻子　主题词_幸福　感受

当地球上所有的孩子都能够安心地满怀着希望生活的时候，那就可以说是真正的幸福了。

小时候，有一次我在一瞬间突然在心里悄悄地感到"真开心啊"。那是在一个黄昏，雨哗哗地下着，但是爸爸已经结束工作回家来了，家里人都在，连牧羊犬也进了屋，灯很明亮，我和弟弟坐在饭桌旁，等着妈妈把饭做好。我心里非常安宁，因为"大家都在一起，大家都在家里"。爸爸对妈妈说了一句什么话，妈妈看着爸爸笑了，我们也笑了。我从心里感到快乐。

半个多世纪过去了。这近20年来，我作为联合国儿童基金会的亲善大使去了许多国家，那里的孩子们都需要帮助。

去年，在西非的利比里亚，我和曾经在内战中充当童子军的孩子们见了面。那些孩子们10岁的时候就被迫拿起枪去参加枪战，朝大人和孩子们开枪。还有很多孩子和家人失散，成为了孤儿。我还见到了许多营养不良的孩子。

海湾战争结束5个月之后，我去了伊拉克。由于遭到多国部队的高精确轰炸，伊拉克全境的发电站都被破坏了。没有了电就无法净化河水，自来水水管里流不出水来。巴格达的居民们甚至要到底格里斯河里去汲水，然后就直接饮用河水。但是由于城市无法进行下水道处理，厕所里的污水甚至会流到河里去，为数众多的孩子感染了伤寒等传染病，或者不停地腹泻。综合医院什么

房子大了、挣钱多了、地位高了……可很多人还是忍不住问自己："你幸福吗？"答案却是无力的、模糊的。幸福是求不来的，想靠数着自己拥有的东西找幸福，幸福只会离你越来越远。学会知足，你才能在平淡的生活中品出幸福的滋味。

137

病都治疗不了，牛奶、药品、手术用的麻醉药、预防的疫苗等都已用完。因为停电，无法进行肾脏透析，总之什么都无法进行下去。每天早晨，医院门前母亲们抱着生病的孩子排成长队，气温高达 50℃。我曾经见过一个婴儿，因为营养不良，他的脸简直像是老人的脸。本来婴儿的脸蛋和嘴唇周围都应该是胖乎乎、圆鼓鼓的，可这个孩子的脸上却满是皱纹。刚刚 3 个月的婴儿，他的腿就像是木筷子一样，从大腿开始就布满皱纹。那个孩子突然定定地看着我的眼睛，他才 3 个月大啊！那一瞬间，我发现那孩子的眼睛里也完全没有小孩子的水灵劲儿，干巴巴的，仿佛是老人的眼睛。那个孩子的眼光中流露出绝望的神情，简直不像是孩子的眼神，好像在诉说："为什么我会这样呢？"我还发现，不仅仅是这个孩子，那些早夭的婴儿们也这样睁着眼睛使劲儿地看着世界，那眼光也都像是老人的，他们仿佛要多看一眼这个世界："我的人生这么短暂，我要好好看一看！"

在非洲的卢旺达，由于胡图族和图西族的冲突，上百万的图西族人被杀害，实在是非常恐怖。我在部族冲突结束 4 个月后去了卢旺达，那时候，被屠杀的人的尸体还随处可见。在屠杀进行的时候，小孩子们在一片惨叫声和临死的呻吟声中四处奔逃，亲眼看到自己的父母和哥哥姐姐被杀害，孩子们还不明白是怎么回事，就夹杂在大人们中逃生。在这些孩子幼小的心灵中，留下了深深的痛楚，因为他们认为自己家人被杀是因为他们自己的过错。

"因为我对妈妈做了不该做的事，所以妈妈被杀了。""因为我没有照爸爸说的去做，所以爸爸被杀了。"小孩子们不知道胡图族和图西族之间的事情，都只知道责备自己。在逃难的人们居住的难民营中，疟疾流行，每天都有数以千计的大人和孩子死去。在一个死于疟疾的母亲的尸体旁边，一个小女孩默默地坐着。那个孩子是这么想的："妈妈都是因为我才死的。妈妈想要帮助我，结果她自己死了。"幼小的孩子们就是这样责备着自己。这时候我才第一次知道，纯真的人会把不是自己做错的事也当作自己的过错。为了防止传染，死于疟疾的人的尸体就用铲土机推到深坑里掩埋。我看新闻节目的时候，看到了在大铲土机的车斗里，小孩子的尸体混在大人的尸体中，孩子的脸上一片悲哀。"这个孩子到底为什么要来到这个世上呢？"但是我知道，孩子们没有一句怨言，直到临死还怀着对大人的信任。

还有因为家里穷，连小学也上不起的孩子；在地雷的阴影中战战兢兢地生活着的孩子；由于营养不良缺乏蛋白质而导致大脑残疾，无法站立和行走，也不会说话，在地上爬着的孩子；遭受干旱之苦的孩子；走 5 公里的路去汲水喝的孩子……

地球上有很多孩子就这样一边为家人和自己的命运担忧，一边拼命地生存下去。仅仅一小部分孩子能够喝上干净的水，能够吃饱饭，能够预防接种疫苗，能够接受

教育。

"真正的幸福是什么？"当地球上所有的孩子都能够安心地满怀着希望生活的时候，那就可以说是真正的幸福了。如此想来，我小时候在那个下着大雨的夜晚，待在家里感觉到"好开心"的那一刻，就可以说是真正的幸福了吧！

"能够和家人在一起相视而笑"，这并不是什么新说法了，但在我看来，这就是"真正的幸福"了。

| 赏·品悟 |

真正的幸福是什么？幸福是没有样子的，看不见，摸不着，只能兀自去感觉。饱受战争之苦的人，幸福是片刻的和平；饱受病痛折磨的人，幸福是有一个健康的身体；饱受饥饿煎熬的人，幸福是一片薄薄的面包……幸福，可以很大，也可以很小，它往往就在看不见的角落等待我们去寻找。"晒幸福"的人不一定就幸福，眉峰眼角无意流淌着的满足和感动，那才是真正的幸福！珍惜你的幸福吧，因为，这个世界上还有太多的人在渴望着你所拥有的、被你忽视的幸福。

把 8 亿美元抛入大海

文 _ 朱国勇　主题词 _ 心灵　蕴藉　知足

心灵，是最容易满足的；心灵，也是最难以满足的！

　　加拿大西部有个加宁特群岛，它由四百多个零星小岛组成，这里四季如春，风景如画，是加拿大最负盛名的旅游胜地之一。在群岛的最西边，有一个小岛名叫籁哥，面积不足两平方公里。托鲁克一家三口，就生活在这里，他们是小岛上唯一的居民。

　　托鲁克一家世代生活在这个小岛上，早在加拿大政府成立之前一百多年，托鲁克家族就已经在这里落户定居。所以，依据加拿大法律，籁哥小岛属于托鲁克家族的私有财产。其实，加拿大地广人稀，土地根本不算什么，这么一个小岛根本没人在乎。只要是土著的加拿大居民，都留有一大块广阔的土地。

　　托鲁克有一艘旧帆船，这是打鱼和交通的工具，还有三间白墙碧瓦的房子。坐在门前，就可以看到蓝天碧海，白鸥点点，有高大的棕榈在温润的海风中摇摆。清粼粼的海水卷着巨大的浪花，"啪"的一声撞在礁岩上。在洁净的阳光映射下，浪花散珠碎玉一般闪着晶莹的光。在这天堂般的景致里，一家人生活得安宁而幸福。

　　忽然有一天，一个振奋人心的消息传开了。在籁哥岛发现了一个巨大的青玉矿，储量惊人，据保守估计，价值也有三百亿美元。

　　加宁特群岛的居民兴奋了，他们纷纷驾船来到籁哥岛，向托鲁克表示祝贺。有不少人还不住地在岛上走走看看，直到夕阳西垂，还留恋着不忍离去。他们说：这回托鲁克发财了，托鲁克再也不用辛苦打鱼了。

　　托鲁克听了，只是淡淡地笑笑。每天早晨，他依然迎着朝阳去打鱼，胳膊上结实的肌肉，在阳光下闪着黝黑的光泽。傍晚，在艳红艳红的一轮落日下，托鲁克坐在一张老木藤椅上，宁静地读一本书。妻子，在屋后打理菜地。孩子，像花蝴蝶一般飞来飞去，不时发出银铃般的笑声……

　　四个月后，加拿大矿业公司找到了托鲁克，他们开出了优厚的条件：一套宽敞的住房，另外，再加五百万美金的安置费。

　　周边岛屿上的居民纷纷惊呼："这是上帝的礼物！""托鲁克被馅饼砸中了！"

可是，托鲁克却十分诚恳地拒绝了矿业公司的请求。他说："这是祖先留下的产业，我不想转让，真的抱歉，先生们。"

几天后，不甘心的矿业公司又派人来了，这回安置费提高到了二千万美元。可是，托鲁克依然摇头。这回，加宁特群岛的居民们不乐意了。有人撇着嘴开始说风凉话："托鲁克这家伙，奇货可居！当然要狠狠地敲矿业公司一笔。"

第三回，矿业公司的一位执行副总亲自登门，并把安置费提高到了一亿美金。这几乎是天价！托鲁克听了，仍然不住摇头。他认真地解释说："这不是钱的问题。我自小就生活在这里，我舍不得离开。再说，这么一个天堂般迷人的岛屿，如果变成了机器轰鸣、渣土碎石遍地的矿场，那简直是对上帝的亵渎！"

第二年春天，矿业公司的老总亲自来了，这回安置费提高到了八亿美元。老总拿着拟好的合同，脸上满是企盼："这已经是我们公司所能开出的最高价了。托鲁克先生，希望您能认真地考虑一下，只要您签了这个合同，您立刻就能跻身为世界顶级的大富豪。"

托鲁克沉默地接过合同，他的脸上似乎有浅淡的云朵掠过。托鲁克轻轻一扬手，那纸合同就如一只洁白的海鸥，随着浩荡的海风，翩翩然，翻飞着，落入激荡的海涛之中。

老总先是惊诧，接着是满脸的钦佩，他拉着托鲁克的手由衷地感慨道："不爱钱的人我确实见过，但是像您这样不爱钱的，我还真没见过。我实在无法想象，你有着怎样宽广又怎样沉静的胸怀！"

托鲁克笑了："谢谢，先生。我早就说过，这不是钱的问题。而是我实在舍不得这个岛，这么多年了，我真的习惯了。"

老总又是沮丧又是感动地离开了籁哥岛，在归去的途中，他想到了很多很多，关于人生，关于名利，关于成败，他有了许多崭新的认识。回首望去，夕阳下的籁哥岛，唯美得如同一幅中世纪的油画。

事后，托鲁克是这样说的："很多人过多依赖金钱。那是因为，只有金钱才能满足他们的心灵。可是，如果碧海、蓝天与白鸥已经让一个人的内心得到了充分的满足，那么，还要那么多钱来做什么呢？"

有些人的心灵，只能用金钱与物质来满足。而另一些人，池上凉风，山间明月，炕上妻儿，枕畔好书……只有这些，才能让他们的心灵得到真正的慰藉与舒展，金钱，反而成了累赘！

心灵，是最容易满足的；心灵，也是最难以满足的！

对于心灵，过分地关注金钱就会成为拖累。托鲁克将8亿美元的合同抛入大海，是因为金钱并不是他所看重的，他看中的，是碧海、蓝天、白鸥，是心灵的满足。千万不要被金钱迷住了双眼，否则心中就会没有了幸福的空间，你也就会失去平凡的幸福生活。

✎ 每日一诵 ···

送人东归

[唐] 温庭筠

荒戍①落黄叶，浩然离故关。

高风汉阳渡，初日郢门山②。

江上几人在，天涯孤棹还。

何当重相见，尊酒慰离颜。

【注释】①戍：堡楼。②颔联"汉阳渡"系长江渡口（旧址属今武汉市），由此向西北千里，南岸有"郢门山"。

| 诵·品析 |

这是一首送别诗。虽为送别，但全诗又突破了送别诗多写离别时的哀伤和惆怅的常规，送别而不伤别。诗人只在首句稍事点染深秋的苍凉气氛，便大笔挥洒，营造出一个山高水长、扬帆万里的辽阔深远的意境，于依依惜别的深情之中，还闪现出对日后重逢的遐想。诗的最后一句透露出依依惜别的情怀，却无凄楚之情，这在同类秋季送别诗中是不多见的。

雪松上的泪珠

文 _ 刘白羽　主题词 _ 水珠　遐思

只有自身清洁了，我才能使这水保持一定程度的清洁。

今天上午，到园中散步，清秋晴好，阳光和煦。我从一棵雪松下走过，偶一仰首，看到上面有一点点小珍珠一样的东西在闪闪发亮，此一发现，引起我心中一瞬间的喜悦。仔细看时，原来是一枝轻细的松枝上挂着一串小小的水珠，于是我想起昨天夜晚，红色的闪电突然一亮，响起一阵暴烈的雷声，窗玻璃上布满一片雨珠。雪松本来就枝叶轻巧，婀娜婆娑，在它上面挂着的雨珠，使我感到那样精致，那样美妙、透明，洁净发光，每一小点像水晶一样。忽然间我想起托尔斯泰《战争与和平》里一个人物讲的一段话：

"最高的智慧和真理好像最纯净的水，我们希望吸取它。"他说："我能用不清洁的容器盛水，并且指责水不清洁吗？只有自身清洁了，我才能使这水保持一定程度的清洁。"

我停下来仔细观看，我的神经灵敏地想到宇宙是最纯洁的，这是从宇宙深处流下的泪水。灵魂是最纯洁的，这是从灵魂深处流下的泪水。不，这是我一个失去亲人的孤苦的老人心灵中溢出的泪水。

我非常痛楚，我非常悲哀。忽然间一阵小小秋风吹来，这棵高大的雪松整个儿都在簌簌地动，千万颗水珠都在颤动，在摇晃。

于是我想到一次高烧昏热中偶然醒转，一刹那间看

生命的富有，不在于自己拥有多少，而在于能给自己多少广阔的心灵空间。同样，生命的高贵，也不在于自己处在什么位置，只在于能否始终不渝地坚守心灵的自由。浮华的时代，许多人被利益诱惑，放弃了心灵的坚守，因而变得异常浮躁空虚。唯有心灵洁净之人，才能如水般清澈，如果实般沉甸甸。

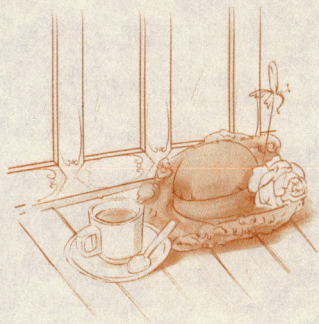

到输液的玻璃管里那生命之水。

于是我想到第一场春雨来时，在我窗玻璃上留下像一只只微微扇动着翅膀的小蜜蜂一样带来春天的生气的水。

我放轻脚步，从那棵高大挺拔的雪松下走开了。但我又回过头来，我觉得我脸颊上也有一滴水，一滴滴大自然的泪珠，一滴滴人生的泪珠，它坚贞、纯净、无我无私。让它给阳光照得更明亮，更明亮吧！这雪松枝上圣灵的纯洁的水珠啊！

| 赏·品悟 |

一滴雨水，让作者浮想联翩，想到了世界上最纯洁的泪水，想到输液管里的生命之水，想到扇动着翅膀的小蜜蜂一样带着春之生气的水……是的，敬畏自然，敬畏我们周边的一切，如同敬畏一滴水，我们才会拥有无比洁净的心灵。唯美的文字，闪烁着的是拨动心弦的东西，直抵心灵。

故乡的果实

文_孙君飞　主题词_果实　感恩

果实是根须的讯息接收器，隐秘传递的是幸福，也是爱。

一想到故乡的树木可以在夏季、在秋天结出成熟的果实，或青或红，还有树上那些果状鸟卵，我便起了思乡之情。

《周礼》中讲："而树之果蓏，珍异之物。"

一位画家认为人入浴桶而不融化，便是奇迹。我想说，故乡的一些树木，如梨、栗、枣、柿，只要不死，在每一年都会有叶、有花，最终现出果实——由天地精华结成的"珍异之物"，同样是令人感慨、催人落泪的奇迹。

果实的得到合乎自然之道，似乎无需人的操劳。不知不觉就挂果了，不知不觉又熟透了，你伸伸手、踮踮脚便可收入布囊、口囊中，是不是太容易？但考虑到一些果实要从春一直挺到秋天（遭遗忘后，还要困于霜雪酷寒），我感觉它们真的不容易。它们有的坚硬，有的柔软，干涩时被忽视，红透时被垂涎。枪打出头鸟，棒打出头果。然而它们没有一个会缩回去，就那样饱满、鲜艳、坚定、决绝、气势傲然地挂在枝头，向你远远地伸着，高高地擎着，似乎一声令下，便能立刻跃入你怀中，激荡起惊喜、神秘的浪花——它们在风中不易干枯萎缩，在雨中同样不会如盐、糖那样迅速融化，一旦成为果实，就会终生保持果实的模样，傲立枝头，比花枝招展还要耀目美艳。等着生，也等着死，这多像那种盲目的爱！

这其实是黑暗中沉默的树根的爱，亦曲亦直地奔跑至枝头，终于呈现出这种奇迹；果实为它经历风雨，礼赞日月星辰，见证一个梦幻世界，果实是根须的讯息接收器，隐秘传递的是幸福，也是爱。

地下土壤中的水分、养分，在根须的小径上跑啊跑啊，直至无处可跑，终于慢慢膨胀成果实，等待着跌落，也等待着被怀念。同样是深情的故事……我应该也是故乡之树奔跑出来的一枚小小的果实，我也有地下的根须，也有会疼的一颗心，或被深情地拥抱、收藏，或被冷漠地咀嚼、遗弃，可是我永远记得童年的大树，那种扣着节拍的岁月秩序和自然年轮，我同样会爱，盲目地爱，爱着爱着，或被隐秘地刺痛，默默忍了许久的眼泪终于洇湿了人生的底稿——由草木制成的一叠多孔的纸张。

跌落的果实不可重上枝头，我的希望只在于我还拥有自己的果核；没有核的，在故乡不能被称作果，不是让树木送上枝头的，也不能被称作果。

我喜欢一遍又一遍观看甲骨文的"果"，也喜欢一遍又一遍观看金文、小篆、隶书的"果"。在这里，我慢慢看到自己的另一张面孔，"我见青山多妩媚，料青山见我应如是"，我真的会有这种美好的命运吗？也许我的"果"字是个头重脚轻的小人儿，摇摇晃晃地奔跑着，一个趔趄，将跌入一个什么样的梦？在故乡，我见到太多慢慢活成一枚坚果的人，他们有坚硬的皱纹、遭受过打击的果壳，可是他们的果肉依旧洁白、柔软、醇香，心如仁，可压榨生油，更可埋入泥中重新长出一棵内心苍茫的果树。我爱这些活成一枚枚坚果的人，他们摇摇晃晃地行走、奔跑，难道不正是因为头顶上膜拜世界的果实太沉重了吗？

记忆短暂如金鱼，生命容易灿烂，活着似一场场盛宴，从早晨激动到夜晚，直到夜深。

故乡的果实的记忆应属漫长，它们灿烂过吗？人世间，再也没有比果实更灿烂的了！难道不是吗？盛宴何来？难道不是根须、不是果实们牺牲着自己，奉献出来的吗？那些生命在黑暗中都应活得激动，彼此游弋在爱的网中，多多少少都有些盲目！

有人畏因，有人畏果。

——故乡的大地，白茫茫的真干净，上面却跌落着一枚饱满红艳而健康如昔的果实。

| 赏·品悟 |

每一颗果实都有一颗感恩的心。它们感恩根须，感恩大地，因而能高高地挂上枝头。文章写对故乡的思念，对故乡的依恋，没有直抒胸臆，而是巧借故乡果实对根须的感恩这一自然现象来表达，化实为虚，增添了作品的意蕴，能够引起读者无限的遐想。一枚果实因为感恩所以能够成熟，正在走向成熟的青涩的你，是否也有一颗感恩的心呢？

✎ 每日一诵 ···

蝶恋花·春景

[宋] 苏轼

花褪残红青杏小。燕子飞时，绿水人家绕。枝上柳绵吹又少，天涯何处无芳草！

墙里秋千墙外道。墙外行人，墙里佳人笑。笑渐不闻声渐悄，多情却被无情恼。

| 诵·品析 |

本词是苏轼任密州（今山东诸城）太守时所写，为伤春之作。词上片写伤春，下片写伤情，面对残红褪尽，春意阑珊的景色，词人惋惜韶光流逝，感慨宦海沉浮，含蓄地表达出仕途坎坷、漂泊天涯的失落心情。在写法上，本词写景清新秀丽，景中含情，意境朦胧，令人回味无穷。

为别人的过错道歉

文 _ 清风慕竹　主题词 _ 误解　道歉　德行

面对别人的误解，与其争辩，莫如道歉。

晏婴是春秋时著名的政治家，可他在齐景公即位之初，并没有得到重用，只是派他去治理东阿（今山东阿城镇）。

虽然来到的只是一个小地方，但晏婴很想证明自己的能力，所以工作起来十分卖力，起早贪黑，一干就是三年。没想到，有一天，齐景公突然召他入朝，拿出一大堆举报信，责备他说："你看，我几乎天天接到反映你胡作非为的信，你说说看，这是怎么回事？"

晏婴没有为自己辩解，上前谢罪说："臣已经知道自己的过错了，请再给臣一次机会，让臣重新治理东阿，三年后臣保证让您听到赞誉的话。"

晏婴的态度让齐景公很满意，于是同意给他一个将功补过的机会。

三年之后，齐景公再次召见了晏婴，这回他的脸上布满了笑容，高兴地说："我现在耳朵里听到的，都是对你的赞扬之声，知错能改，不失良臣。"说完，下令重赏晏婴。

然而，晏婴说什么也不肯接受奖赏。齐景公很奇怪，问他说："有过则罚，有功则赏，奖赏是你应得的，为什么不肯接受呢？"

晏婴回答说："臣三年前治理东阿，尽心竭力，秉公办事，得罪了许多达官贵人。这些反对臣的人一齐散布臣的谣言，大王听后自然对臣不满意。而后三年，臣

唐太宗曰："以史为镜，可以知兴替；以人为镜，可以明得失。"

中国漫漫五千年的历史，无数的仁人志士都堪称为道德的模范，他们的道德故事，他们为人处世的智慧，早已凝聚成中华民族五千年的智慧史。以史为镜，鉴古观今，萃取精华，增益智慧，是我们后来者之本分。

便反其道而行之，那些原来说臣坏话的人，自然开始夸奖臣了。臣以为，前三年治理东阿，大王本应奖励臣，反而要惩罚臣；后三年大王应惩罚臣，结果却要奖励臣，所以臣实在不敢接受。"

齐景公一听，恍然大悟，知道是自己错怪了晏婴。晏婴进谏的方式，更让齐景公感叹，于是他把晏婴留在身边，用之为相，齐国由此大治。

北宋熙宁年间，名臣范仲淹的儿子范尧夫任职庆州（今甘肃庆阳）。

有一天，范尧夫坐轿在街上行走时，突然几个遭押解的囚犯拦轿喊冤，他很奇怪，就把他们带到了衙门。细问之下才知道，这几个人都是羌人，曾在环州（今甘肃庆阳环县）种古手下做事，种古有违法之事，他们几个是知情人，为了避罪，种古来了个先下手为强，将他们以强盗的罪名逮捕，判决后流放南方。

照理说范尧夫犯不上蹚这浑水，一来环州并不在他的管辖范围内，二来种古是名将种世衡的儿子，种世衡是他父亲范仲淹的老部下，两家可谓世交。然而正直的他还是向朝廷检举了此事。

种古闻讯大怒，立刻也举报范尧夫未经中央批准，私自开仓放粮，收买人心。果然，皇帝亲自下诏，派出御史坐镇宁州（今甘肃庆阳宁县），调查审理他们各自的问题。案子很快就审清了，种古以诬陷罪流放远方，但范尧夫也遭到贬职，调往偏僻的地方。

范尧夫拜尚书右仆射兼中书侍郎，登上宰相之位。因为有过去的梁子，人们都以为种古倒霉的日子到了，可令人们想不到的是，范尧夫做的第一件事，就是推荐种古为永兴军路钤辖，并任隰州（今山西隰县）知州。

面对人们质疑的眼光，范尧夫解释说："种古天性不错，当初他应当以他父亲的军功授官，他却推让给了弟弟，有'小隐君'之称。种古也很有军事才能，在抵御羌族入侵中立有战功。他虽然犯过错误，但不能一棒子打死，应该给他改过的机会。至于他与我个人的恩怨，我时常反省自己，先辈与种氏上世有很深的情谊，如今引起种氏子孙讼告，是因为我不肖，哪儿用去讨论其中的是非曲直啊！"

后来，种古得知事情的原委，十分惭愧，写信向范尧夫道歉，范、种两家和好如初。

面对别人的误解，与其争辩，莫如道歉。与人发生冲突或摩擦时，要有一种"怪我咯"的心态，凡事先从自己身上找原因，而不是拿别人当借口。为别人的过错道歉，不仅是一种精神境界，更是一种人生智慧。

北岛说过："我们都生活在误解里，只是有的人不在乎被误解。"生活中一旦遭遇误解，有些人就会热血沸腾，面红耳赤地跟当事人争个明明白白，有些人虽然不争执，但却痛苦疯长，等真相大白之时，已经身心疲惫，感情伤透。同样是面对误解，晏婴和范尧夫没有去争辩，而是主动从自己身上找原因，为别人的过错道歉，这种境界，这种智慧，该是所有被误解之人应当学习和铭记的。人生路上，胸怀开阔一点，视野放宽一点，换个角度看待误解，人人皆是受人尊敬的君子。

艳香者容其有刺

文 _ 蔡建军　主题词 _ 识人　公正

艳而香的花大多有刺。艳者取其艳，容其不香；香者取其香，容其不艳；艳且香者取其艳香，容其有刺

杨溥在明朝历史上不能不说是一位重臣，不仅虚怀若谷，清气若兰，而且廉洁奉公，知人善任。他因容人之长，用人之长而远近闻名，容人之"短"，用人之"短"却更令人敬佩。

明朝的耿定向在《先进遗风》中记载了这样一个故事：文定公杨溥执政时，一次，他儿子千里迢迢从老家赶往京都探望他。杨溥问道："你这次来京，沿途接触的地方官不少，到底谁好谁坏？"儿子似乎余怨未消："好的数不尽，只是江陵令范理太糟了。"父问："何以这样说呢？"儿子答："别的地方都是酒肉招待，赠以金银；只是江陵令范理最坏，两者皆无。不看僧面看佛面，这分明是不把你放在眼里。要不，怎能这样对待我？"

听到此，杨溥没有像儿子心里吃了苍蝇一样不舒服，而是眼睛一亮，范理不搞"潜规则"，敢驳他"面子"，公事公办，说明他为官清廉，不畏权贵，必有能耐。

杨溥喜爱花草，当然懂得，人才如花。艳花大多不香，香花大多不艳；艳而香的花大多有刺。艳者取其艳，容其不香；香者取其香，容其不艳；艳且香者取其艳香，容其有刺。

不让坏规矩的人得利，不让守规矩的人吃亏。作为明朝贤相的杨溥非但不怒，反而连连称赞范理是个好官。

告状的事，刚要诞生，就胎死腹中。

"操千曲而后晓声，观千剑而后识器"。杨溥遂记下江陵令范理的名字，就暗地派人到江陵考察，调查结果正如杨溥所料，范理为官清正，体察民情，名望很高，堪称"江南第一清官"。

在投机钻营者面前，他该怎么办就怎么办，不以原则换人情，不以亲疏论长短，不以背景定高低，没有先问熟不熟，却是先问能不能，不是先问乡不乡，而是先问贤不贤。这就是杨溥！

善于用人"短"变长，善于用物无废物。他上疏皇上，提拔范理为德安知府。

"得人者兴，失人者崩"。按规矩办事，不搞例外，不搞变通，才能使杨溥过得硬、立得住，官至礼部尚书兼武英殿大学士，是明朝历史上的著名贤相，也使他以任人唯贤实现了"群贤毕至"。

范理不负众望，在任颇有惠政。"采茶要采叶嫩时，用人要用黄金期"。用人一定要在其精力最充沛、思维最敏捷、才华最横溢、创新能力最强的年龄段内培养好、使用好。几年后，杨溥又提拔范理出任贵州左布政使。

鲁哀公问孔子："怎样才能使百姓服从呢？"孔子说："把正直人提拔出来，放在邪恶人之上，百姓就服从了；把邪恶人提拔出来，放在正直人之上，百姓就不服从。"

观古宜鉴今，无古不成今。为官之人肩负着选人用人之责，首先应当学会慧眼识人。既要不降格以求，又不求全责备，用独立、全面、辩证、客观的眼光考察识别人才。管理者的高明之处，就在于"识人"不能停留在感觉和感情上，更不能画圈子选人，而要公道正派用人，将劣势变优势，将不利变有利。

道德是把无敌利器，独霸江湖，无往不胜。后来，当范理得知杨溥病逝后，竟然号啕大哭，遥相祭拜，痛惜国家失去了一位清正贤明的大臣，他泣说，"知我者，杨溥也。"

老子说：上善若水。杨溥即水，润物而不争，公道而不言。无须说感恩，无须说慧眼，相信不论今人后人，说起杨溥，都会感到一股暖流慢慢地弥漫全身，浸透心骨，历久弥新。这一切源于他身上散发出的忠诚品质，追求公正的情怀，敬畏权力的良知和人性的高贵。

| 赏·品悟 |

古人云：骏马能历险，耕地不如牛；坚车能载重，渡河不如舟。缺点和优点也是相对的，要具体问题具体分析，不能一概而论。杨溥慧眼识人，任人不惧其"短"，不以原则换人情，才赢得了后世的敬仰。想想历史上那些任人唯亲者，今人能记得他们姓名的又有几个呢？金无足赤、人无完人，一个人若连缺点都被用好了，那优点不是更能发挥得淋漓尽致吗？

每日一诵 ·····························

雨 夜

[宋] 张咏

帘幕萧萧竹院深，客怀孤寂伴灯吟。

无端一夜空阶雨，滴破思乡万里心。

| 诵·品析 |

这是一首思乡怀旧诗。全诗选取"帘幕""竹院""孤灯""阶雨"等普通的景物，描绘了一幅萧瑟凄怆的秋夜孤吟图，营造了一种孤寂、凄凉的意境，表达了游子因思乡而彻夜难眠的孤寂心境。一个"深"字，既表明时节逢秋，凉意袭人，又突出院落之幽深寂寥，暗示了诗人怀乡情愫之深沉；"滴破"二字则写出了夜雨仿佛滴在游子心头，写出了诗人思乡的痛苦与酸楚。

藕粉香，人生味

文 _ 吕华　主题词 _ 领悟　人生

一个做事懂得讲求方法，充满勇气、智慧与追求的人，做什么事会不成功呢？

这是一家制藕粉的作坊。作坊不大，却因其独到的工艺，让远近的人慕名而来。

他是这里的一名学徒。从来到这儿的第一天起，每天清晨，他都要给师傅冲调上一碗新制的藕粉。这是师傅的习惯，日子久了，也成了他的习惯。

这是他做学徒的第八个年头。从藕的选材，到磨浆、洗浆、漂浆、沥烤，每一个工艺环节他都烂熟于心。每当他问及自己何时可以出师，师傅总是笑着回答："等你能冲调好一碗藕粉的时候。"

冲调好一碗藕粉？似乎并不是件难事。于是他悉心请教别人，加上自己用心琢磨。终于有一天，他可以把藕粉冲调得色泽盈润，细腻如脂，让人一见就忍不住想尝上一口。他满怀期待地将其端给师傅。师傅果然点了点头。

"那么，师傅，我可以出师了吗？"他兴奋地问。

"手艺到家了，不过还少了些味道。"师傅说。

少了些味道，什么样的味道呢？难道这种味道不好？他尝过自己调制的藕粉，清香爽口，齿颊留香。说实话，对此他已经很满意了。难道藕粉还有别的味道？于是他努力创新，在藕粉里面尝试添加其他各种美味食材：桂花、蜂蜜、红枣、人参、燕窝……能试的都试过了。可师傅仍是笑着说："有进步，不过还是少了些味道。"

要生活得既丰饶又和谐，并且不伤害他人，可能是人类文明最基本的努力。要成功地将文化传统一代一代传承下去，让后代站在前辈的肩膀上成长，则需要智慧。著书立言、读书启蒙、拜师授徒、父子传承……所有的目的，就是让祖先积累的智慧源远流长、绵延不绝。

日复一日，他渐渐心灰意冷了，觉得师傅在唬他。

这一天，师傅对他说："今天你只需冲调一碗和平日一样像样的藕粉，就可以出师了。"他大喜过望，不知道师傅为何改了性子，不再刁难他。这么多年的练习，冲调藕粉对他来说已是轻车熟路——取碗，添粉，调粉，加水，动作是一气呵成。不过，今天任凭他怎么努力搅拌，碗里的糊都不似往常盈润。尝上一口，还有些夹生。原来，壶里的水不开，温度不够。这样一碗既无卖相又无口感、自己都嫌弃的藕粉怎么可以呈给师傅呢……

时间一分一秒过去，他终于端来了一碗调制好的藕粉。远远的，就能闻到那扑鼻的清香，近看，碗中的粉糊细滑如膏，盈润如玉，似比往日更佳。

师傅品了一口，终于点头说："味道可以了，你可以出师了。"

其他学徒们有的还是一头雾水，七嘴八舌地问："水壶里的水，师傅特意吩咐我们换过，并不是开水，那样的水根本不可能冲制成这样好的藕粉！你到底是怎样做到的呢？"

"你冲调的藕粉怎么会没有疙瘩？"

"还有，你的藕粉闻起来似乎有一股香甜味？"

他平静地笑了，说："没错，壶里的水的确不够热，起初我也不知所措，甚至心里不平。后来，我想通了，与其抱怨，不如想办法解决问题，把这碗夹生的藕粉变成一碗上好藕粉。主意定了，头脑清晰了，发现这个问题其实也并不难解决，只需将它在锅上蒸两分钟就可以了。至于没有疙瘩，是因为我事先用少量温水把藕粉调成了糊状，然后再加开水，就不会出现这个问题了。最后，为了让它更香甜，我添了些桂花。"

众人听了都心悦诚服。

师傅指着面前的藕粉说："懂得先用温水调糊，而不是用开水直接冲泡，这是做事讲求方法的味道；遇到温度不够的水，没有放弃或抱怨，给自己找借口，而是懂得承担与面对，敢于从不可能中创造可能，这是勇气的味道；能跳出'冲调'的习惯，想到用'蒸'的方式把夹生的藕粉加热至熟，这是智慧的味道；至于想到添加桂花，让事情尽善尽美，而不是止步于现状，这是奋进的味道。一个做事懂得讲求方法，充满勇气、智慧与追求的人，做什么事会不成功呢？所以，我说你藕粉里的味道可以了。"

藕粉里的味道，原来是做人做事的味道，是人生的味道。

我们永远不要期待别人的拯救，只有自己才能升华自己。文中的"他"为调制一杯师傅满意的、有味道的藕粉，讲求方法，用足勇气和智慧，懂得奋进。生活中的我们，若像他调制藕粉那样做事，还有什么做不成的呢？

生命的邮件

文 _ 白岩松　主题词 _ 关爱　传递

孩子，在父母的目光里，你的每一步都将是我们生命里最好的回忆。

今日落笔，是在充满乳香的房间里。我的儿子饱餐一顿后，安静地睡了。那种照看新生儿的奇妙感受充满我心。我知道，我们在彼此的生命历程中，将相互温暖与扶持。

做了父亲，我不该两手空空迎接他的到来。但孩子那稚嫩的小手还举不起任何可称为礼物的东西。那就让我将祝愿当成礼物，投入生命的邮箱，来一个慢件邮递。当他长大的时候，再好奇地拆封吧。

学会宽容

如果所有的美德可以自选，孩子，你就先把宽容挑出来吧。也许平和与安静很昂贵，不过拥有宽容，你就可以奢侈地消费它们。宽容能松弛别人，也能抚慰自己，它会让你把爱放在首位，万不得已才动用恨的武器；宽容会使你随和，让你把一些人很看重的事情看得很轻；宽容还会使你不至于失眠，再大的不快，再激烈的冲突，都不会在宽容的心灵里过夜。于是，每个清晨，你都会在希望中醒来。一旦你拥有宽容的美德，就将一生收获笑容。

不争第一

人生不是竞技，不必把撞线当成最大的光荣。当了第一的人也许很脆弱的，众人之上的滋味尝尽，如再有下落，感受的可能就是悲凉，于是，就将永远向前。可生命的每个阶段，第一的诱惑总是在眼前，于是生命就变成劳役。

站在第一位置的人不一定是胜者，每一次第一总是一时的风光，却赌不来一世的顺畅。时代的风向总是在转变，那些被风吹走的名字，总是站在队列的前面。争第一的人，眼睛总是盯着对手，为了得到第一，也许很多不善良的手段都会派上用场。也许，每一个战役，你都赢了，但夜深人静，一个又一个伤口，会让你触目惊心。何必把争来的第一当成生命的奖杯？我们每一个人，只不过在和自己赛跑。在那条长长的人生路上，追求更好强过追求最好。

爱上音乐

在我们的身边，什么都会背叛，可音乐不会。哪怕全世界所有的人都背过身去，音乐依然会和我窃窃私语。我曾问过一位哲人，为什么今天的人们还是需要一两百年前的音乐抚慰？哲人答，人性进化得很慢很慢。于是我知道，无论你向前走多远，那些久远的音符还是会和你的心灵很近。生命之路并不顺畅，坎坷和不快都会出现在你的眼前，但爱上音乐，我便放心。因为一两百年前，那些独对心灵的音乐编织者，早已为你谱下安慰的乐章。在你成长的时代，信息的高速发展将使人们的头脑中独自冥想的空间越来越小。然而，走进音乐的世界里，你会在和音乐的对话中学会独立，学会用自己的感受去激活生命。每当想到，今日在我脑海里回旋的那些乐章，也会在未来与你相伴，我就喜悦，为一种生命与心灵的接力。

还有……

其实还有，比如说，来点幽默、健康，有很多真正的朋友……但我想，生命之路自己走过，再多的祝愿都是耳后的叮咛，该有的终将会有，该失去的也终会失去。然而孩子，在父母的目光里，你的每一步都将是我们生命里最好的回忆。

很久很久以后，也许你会为你未来的孩子写下祝愿的话语，只是不知，是否和我今日写下的相似？生命中，最重要的是心路历程，所以它和朝代的更迭无关。孩子，当将来你拆开这封今日寄出的邮件时，我还是希望，你能喜悦并接受。

　　白岩松，中央电视台节目主持人。1997年儿子白清扬出生，对儿子，他褪去了新闻主持人的犀利与干练，剩下的是父爱的宽厚与温情。少有宏大遥远的嘱托，更多的是关乎品格的温柔叮咛。他深知人生是孩子独有的体验，旁人甚至父母都难以掌控，所以他智慧地选择写邮件的形式来陪伴儿子的成长，温文尔雅中显现出父爱的睿智和用心。

每日一诵

淮上即事寄广陵亲故^①

[唐] 韦应物

前舟已眇眇^②，欲渡谁相待？

秋山起暮钟，楚雨连沧海。

风波离思满，宿昔^③容鬓改。

独鸟^④下东南，广陵何处在？

【注释】①淮上：淮河流域一带。诗作于淮阴，诗人此时离开广陵（今扬州），沿运河北上将渡淮西行。②眇眇：辽远。③宿昔：从前。④独鸟：作者自喻。

|诵·品析|

　　这是一首离别诗。诗歌写离别之情，采用景物烘托、气氛渲染的手法。首联画出暮色中空荡荡的淮河，表现出诗人欲行而踟蹰的情态，给人一种空旷孤寂之感；颔联用"暮钟""楚雨"苍凉黯淡的傍晚景色烘托出诗人思家念亲的孤寂、凄怆；颈联点出"离思"二字；尾联写独鸟飞向东南离广陵愈近，反衬诗人前往西北去亲愈远，突出了诗人的满腹离思。全诗表达了诗人漂泊异乡的孤寂之悲和对广陵亲故的思念。